MW01048484

RECETAS SABROSAS

Platos de arroz

Elizabeth Wolf-Cohen

Copyright © 2003 de la edición española:
Parragon
Traducción del inglés: Montserrat Ribas
para Equipo de Edición, S.L., Barcelona
Redacción y maquetación:
Equipo de Edición, S.L., Barcelona

Impreso en China

ISBN: 1-40541-456-1

Nota

Una cucharada equivale a 15 ml. Si no se indica otra cosa,
la leche será entera, los huevos, de tamaño medio (nº 3),
y la pimienta, pimienta negra molida.

Las recetas que llevan huevo crudo o muy poco cocido
no son indicadas para los niños muy pequeños,
los ancianos, las mujeres embarazadas, las personas
convalecientes y cualquiera que sufra alguna enfermedad.

Sumario

Introducción

El arroz es el alimento básico de un tercio de la población mundial y tiene un papel destacado en la cocina de lugares tan diversos como China, India, Sudamérica, España, Portugal, Italia y África. Por muchas razones, es un alimento ideal: fácil de guardar y rápido de cocinar, nutritivo y de digestión ligera, y, por encima de todo, delicioso.

PRINCIPALES VARIEDADES DE ARROZ

El arroz blanco de grano largo se descascarilla o refina para eliminar la cáscara exterior, el germen y casi todo el salvado; es alargado y de color blanco opaco. A veces se le llama arroz de Patna, porque es original de esta zona de la India. Es una variedad muy popular y al cocinarlo debería quedar esponjoso y con los granos sueltos. Cuézalo 15-18 minutos a fuego suave o mediante el método de absorción.

El arroz de cocción fácil o vaporizado es arroz blanco de grano largo que ha sido precocinado para incrementar su duración y su dureza. Al precocinarlo antes de descascarillarlo, las vitaminas van más al fondo del grano, lo que aumenta su valor nutritivo y su tiempo de cocción, que es de 20-25 minutos. Cuézalo como el arroz blanco de grano largo; su color es algo más dorado que éste.

El arroz integral de grano largo es tratado sólo para quitarle la cáscara que no es comestible. Tiene un sabor característico a fruto seco y una textura más firme. De color marrón claro, es menos esponjoso que el arroz blanco de grano largo y tarda un poco más en cocerse, de 35 a 40 minutos. Es muy adecuado para ensaladas, ya que tiene una textura más firme.

Al arroz basmati a veces se le llama el champán o el rey de los arroces. Este arroz de grano largo, que se cultiva en India y Pakistán, tiene un aroma muy característico; el grano es más delgado y de color blanco, y queda ligero y esponjoso una vez cocido. Se cuece rápidamente: 10-12 minutos a fuego suave o por el método de absorción. El arroz basmati integral no se refina, sino que sólo se le extrae la cáscara no comestible. Más nutritivo, denso, firme y aromático, tarda 45-50 minutos en cocerse. El tiempo de almacenamiento es limitado, ya que puede enranciarse.

El arroz italiano para risotto es un estupendo arroz de grano corto que en Italia se utiliza casi de forma exclusiva para este tipo de platos. Tiene una raya opaca que atraviesa la parte central. Cuanto más alta es su calidad, más líquido absorbe: hasta 3 o 4 veces su propio volumen. Cuando está cocido forma una sopa cremosa, y sus granos sueltos mantienen una textura al dente. Busque las variedades arborio, carnaroli, roma o vialone nano; necesitan 18-20 minutos de cocción, pero generalmente se requieren 25-30 para hacer un risotto.

Los arroces españoles de Calasparra y bomba, de la zona cercana a Murcia y Valencia, son arroces de grano corto de estupenda calidad, adecuados para la paella. Pueden sustituir el arroz italiano para risottos si no lo encontrara. Se cuecen en 15-18 minutos, un poco más que para las paellas: 30-35 minutos.

El arroz de grano corto que se utiliza para hacer arroz con leche, se conoce como arroz de Carolina porque solía cultivarse en Carolina del Norte y del Sur, es un arroz de grano corto o redondo, de aspecto opaco y sabor insípido. Los granos quedan húmedos y glutinosos al cocerlos: 4 cucharadas son suficientes para espesar 600 ml de leche.

El arroz aromático tailandés, también llamado jazmín, es un sabroso arroz blanco de grano largo que se utiliza en Tailandia y en el sudeste asiático. Tiene un sabor muy perfumado, y queda ligeramente blando y glutinoso una vez cocido. Cuézalo igual que el basmati, unos 12-15 minutos.

El arroz japonés glutinoso o para sushi es un arroz de grano corto, absorbente y caro, perfecto para el sushi, donde los granos tienen que pegarse unos a otros para poder formar los compactos rollitos. Los granos, opacos y perlados, son blancos y redondos o ligeramente alargados. Se cuece en 15-20 minutos por el método de absorción; se suele mezclar con un condimento de azúcar y vinagre de arroz, y se abanica para enfriarlo y para que tome un aspecto satinado.

El arroz negro dulce o negro glutinoso es un arroz de grano medio, de color rojo violáceo oscuro. Su intenso sabor puede combinar con ingredientes asiáticos como la leche de coco y el azúcar de palma. Se utiliza para platos dulces, y se cuece por el método de absorción en 25-30 minutos. Puede teñir el resto de los ingredientes y los utensilios de cocina con su color.

El arroz de la Camarga es de grano ovalado de tamaño medio y un color pardo rojizo, y se cultiva en esta región del sur de Francia. Tiene un sabor terroso y una textura firme. Aunque pierde color con la cocción, mantiene el sabor. Se cuece en 45-60 minutos a fuego lento, o por el método de absorción.

El arroz salvaje actualmente se cultiva, aunque se trate de una hierba acuática silvestre. Sus granos, de gran calidad, son brillantes, de color marrón y negro, y se abren cuando están cocidos del todo. Debe cocerse 55-60 minutos a fuego suave o por el método de absorción. Como es muy caro, actualmente se vende mezclado con arroz blanco de grano largo o *basmati*.

OTROS PRODUCTOS DEL ARROZ

El arroz molido y la harina de arroz se elaboran moliendo el arroz blanco hasta que queda convertido en harina, y se utiliza como espesante en general o más concretamente en repostería. Se vende en distintos grados de consistencia, de ligeramente granular a muy fino; la harina de arroz suele ser la más fina.

Los copos de arroz se utilizan en algunas cocinas del Lejano Oriente como espesante, aunque también se pueden freír con manteca como aderezo.

Los fideos de arroz, de los más finos a los planos y anchos, son una pasta seca hecha con harina de arroz a la que se le da distintas formas. Van del tipo de fideo chino más delgado (*sen mee*) a los anchos de 1 cm (*sen yaai*), pasando por los de 3 mm de grosor, como los tallarines (*sen lek*). Déjelos en remojo en agua caliente durante 5-20 minutos, escúrralos y sírvalos.

Los fideos japoneses *harusame* son muy finos; utilícelos igual que los fideos chinos.

Las láminas de papel de arroz vietnamitas sirven para hacer los rollitos de primavera, varios tipos de empanadillas y otros platos. Se ablandan sumergiéndolas un rato en agua o rociándolas, y se pueden comer tal cual o bien al vapor o fritas.

El papel de arroz es un papel comestible hecho a base de plantas similares al arroz. En los horneados, evita que algunos productos, como los merengues, se peguen; es muy delgado y quebradizo.

Los vinagres de arroz pueden ser rojos, incoloros, amarillos o negros. Los sabores van del suave al intenso y afrutado. El vinagre japonés es más suave que el chino. El sake, el vino de arroz japonés, tiene un sabor característico; puede ser sustituido por jerez.

MÉTODOS DE COCCIÓN

El método y el tiempo de cocción dependen del tipo de arroz. Como regla general, calcule 2 cucharadas de arroz integral por ración y 50 g para otras variedades; las recetas de arroz con leche varían. Tres de los métodos más básicos de cocción son los siguientes.

El más fácil es el de hervir a fuego lento, pero es el que resta más sabor al arroz. En una cazuela, lleve agua a ebullición. Añada el arroz y una pizca de sal y, cuando vuelva a hervir, déjelo cocer a fuego suave.

Para cocer el arroz mediante el método de absorción, hay que calcular la cantidad exacta de líquido que el cereal tiene que absorber para que quede tierno. Ponga el arroz en una cazuela de base gruesa, añada una pizca de sal, una cucharada de aceite (opcional) y 1 1/2 volúmenes de agua por cada 1 de arroz. Llévelo a ebullición a fuego vivo; baje la temperatura y déjelo a fuego suave, bien tapado, hasta que todo el líquido haya sido absorbido (consulte el método de hervir a fuego lento para los tiempos de cocción). No quite la tapa de la cazuela ni remueva el arroz durante la cocción; si lo destapa, se escapará el vapor, y si lo remueve, podría romper los granos haciendo que liberaran el almidón, y al final quedaría pegajoso.

Retire la cazuela del fuego y deje reposar el arroz unos 5 minutos. A continuación, con un tenedor, ahuéquelo y vaya depositándolo en un cuenco caliente. Otra opción es, después de retirar la cazuela del fuego, destaparla y poner un paño de cocina o una doble capa de papel absorbente sobre el arroz, volver a taparla y esperar 5 minutos. Con este sistema, el vapor es absorbido en lugar de volver a caer sobre el arroz, de manera que éste queda más seco y esponjoso. A muchos cocineros les gusta extender el arroz sobre una alfombrilla de amianto, para enfriarlo un poco después de que haya hervido. De otro modo, podría formarse una corteza gruesa (no quemada) de arroz pegado en el fondo de la cazuela, que por otro lado agrada a algunas personas. Para desprenderla, deje la cazuela sobre una toalla mojada unos 5 minutos, y a continuación, sirva el arroz. La corteza también se puede aprovechar: fríala y sírvala como capricho.

Para hacer un *pilaf* o *pilau*, caliente 2 cucharadas de aceite o mantequilla en una cazuela de base gruesa a fuego medio y fría una cebolla o 2-3 chalotes finamente picados. Añada el arroz medido y rehóguelo, removiendo con frecuencia, hasta que esté transparente y recubierto de grasa. Vierta caldo o agua (1 1/2 volúmenes por cada 1 de arroz) y una pizca de sal, y llévelo a ebullición, removiendo 1 o 2 veces. Entonces, cubra la superficie del arroz con un redondel de papel vegetal o de aluminio (para evitar que el líquido se evapore con excesiva rapidez), y tape bien la cazuela; baje el fuego al mínimo. El tiempo de cocción será el mismo que para el método de hervir a fuego lento.

Sopas y ensaladas

El arroz no sólo hace que las sopas y ensaladas tengan más sustancia, sino que también aporta una textura y un sabor interesante a estos platos.

En las páginas siguientes encontrará gran variedad de deliciosas sopas con arroz, desde el clásico italiano risi e bisi, hasta la suculenta preparación de quingombóes con pollo y salchichas. En la sopa de cebada y arroz integral, el arroz aporta una agradable textura cremosa. La sopa de calabaza tiene un delicioso sabor dulzón, sutilmente realzado por el arroz, mientras que en la crema de gambas con arroz, éste actúa también como factor espesante. El arroz también se presenta en forma de fideos, como en la sopa vietnamita de fideos de arroz con carne, mientras que a la clásica crema de maíz se le da un toque diferente con arroz salvaje y pollo ahumado.

En cuanto a las ensaladas, el arroz salvaje combina con los sabores ahumados de la de beicon con vieiras, y da un toque especial a una salsa de alubias afrutada. El sabor del arroz rojo de la Camarga queda bien con un aliño picante.

También puede utilizar el arroz para hacer variaciones de platos clásicos: pruebe la ensalada verde con arroz tostado, o convierta una ensalada griega en un plato más nutritivo añadiéndole arroz cocido. La popular ensalada César cobra un aspecto exótico al añadirle condimentos tailandeses y un aderezo de papel de arroz.

Risi e bisi

Para 4 personas

INGREDIENTES

900 g de guisantes frescos
    con su vaina
4 cucharadas de mantequilla
    sin sal
1 cebolla finamente
    picada
850 ml de caldo de pollo

200 g de arroz
    arborio
2 cucharadas de perejil fresco
    picado
60 g de queso parmesano recién
    rallado
sal y pimienta

PARA ADORNAR:
rodajas de tomate
virutas de queso parmesano
hojas de albahaca fresca

1 Extraiga los guisantes de las vainas: deberían pesar unos 300 g una vez pelados.

2 Derrita la mantequilla en una cazuela grande de base gruesa a fuego medio. Añada la cebolla y fríala unos 2 minutos, removiendo de vez en cuando, hasta que empiece a ablandarse.

3 Incorpore los guisantes y rehóguelos, removiendo durante otros 2-3 minutos de vez en cuando. Gradualmente agregue el caldo de pollo y lleve a ebullición. Tápelo y deje que se haga a fuego suave unos 10 minutos, removiendo ocasionalmente.

4 Añada el arroz y sazone con sal y pimienta. Deje a fuego suave, tapado, durante 15 minutos, removiendo de vez en cuando, hasta que el arroz esté tierno.

5 Añada el perejil y rectifique de sal y pimienta. Si la sopa está demasiado espesa ponga un poco más de caldo. Incorpore el parmesano y sírvala en cuencos individuales.

6 Sírvalo directamente, adornado con las rodajas de tomate, las virutas de queso y las hojas de albahaca.

SUGERENCIA

En lugar de guisantes frescos puede utilizar 300 g de guisantes congelados: descongélelos bajo el grifo con agua caliente y cuézalos unos 5 minutos con el caldo en el paso 3. Prosiga con la receta a partir del paso 4.

Sopa de calabaza al estilo provenzal

Para 6 personas

INGREDIENTES

1 kg de calabaza fresca	1,5 litro de caldo de verduras o	300 ml de nata líquida o leche
2 cucharadas de aceite	de pollo, o agua	nuez moscada rallada
de oliva	1 hoja de laurel	pimienta
1 cebolla grande finamente	$^1/_2$ cucharadita de guindillas	ramitas de tomillo fresco,
picada	secas chafadas	para adornar
2 dientes de ajo picados	100 g de arroz de grano corto,	picatostes al ajo, para servir
2 cucharaditas de hojas	tipo *arborio* o de Valencia	(opcional)
de tomillo fresco	1 cucharadita de sal	

1 Retire las semillas de la calabaza, pélela y córtela en daditos. Resérvelos.

2 Caliente el aceite en una cazuela grande a fuego medio. Rehogue la cebolla unos 4 minutos, hasta que se haya ablandado.

3 Añada el ajo y el tomillo y rehóguelos 1 minuto. Incorpore la calabaza, el caldo, la hoja de laurel, las guindillas y la mitad del arroz. Llévelo a ebullición, retirando la espuma de la superficie. Baje el fuego al mínimo, tape y deje que se

durante 1 hora o hasta que la calabaza esté tierna.

4 Mientras tanto, ponga agua a hervir en una cazuela. Añada la sal, y el resto del arroz y déjelo a fuego suave unos 15 minutos. Escúrralo, aclare con agua fría y vuelva a escurrir. Resérvelo.

5 Bata la sopa de calabaza con una batidora. Cuélela y viértala en una cazuela grande. Añada el arroz

cocido, la nata líquida y la nuez moscada. Salpimente. Puede adornarla con tomillo y servirla con picatostes.

SUGERENCIA

Al cocer la mitad del arroz por separado para incorporarlo después en el puré, se le añade textura al plato, pero si prefiere una sopa uniforme, cueza todo el arroz en el paso 3, y luego bátalo bien.

Sopa de tomate y arroz rojo

Para 4-6 personas

INGREDIENTES

2 cucharadas de aceite de oliva
1 cebolla finamente picada
1 zanahoria finamente picada
1 tallo de apio finamente picado
3-4 dientes de ajo finamente
 picados
900 g de tomates maduros, sin
 piel ni semillas y finamente
 picados (véase sugerencia)

1 hoja de laurel
$^1/_2$ rama de canela (opcional)
1 cucharadita de hojas de tomillo
 fresco o $^1/_2$ cucharadita de
 seco
1 cucharadita de orégano seco
1 cucharada de azúcar moreno
$^1/_2$ cucharadita de cayena molida,
 o al gusto

1,5 litro de caldo de pollo o agua
100 g de arroz rojo o integral de
 grano largo
1 cucharada de hojas de orégano
 fresco picadas
sal y pimienta
queso parmesano recién rallado,
 para servir

1 Caliente el aceite en una cazuela grande a fuego medio. Añada la cebolla, la zanahoria y el apio; rehóguelos 10 minutos, removiendo de vez en cuando hasta que estén bien tiernos y empiecen a dorarse. Añada el ajo y déjelo 1 minuto más.

2 Incorpore los tomates, el laurel, la rama de canela (si la utiliza), el tomillo, el orégano seco, el azúcar y la cayena molida y déjelo en el fuego unos 5 minutos, removiendo de vez en cuando, hasta que los tomates empiecen a deshacerse.

3 Añada el caldo y el arroz y llévelo a ebullición, retirando la espuma de la superficie. Baje el fuego, tape la cazuela y deje a fuego suave unos 30 minutos, hasta que el arroz esté tierno. Añada más caldo si fuera necesario.

4 Agregue las hojas de orégano fresco y salpimente. Sirva el plato en cuanto esté listo, espolvoreado con queso parmesano.

SUGERENCIA

Esta sopa requiere tomates que tengan mucho sabor; si no los encuentra, utilice tomates pera en conserva y reduzca la cantidad de caldo, si los tomates están envasados con abundante jugo.

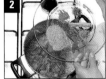

Sopa de cebada, arroz integral y acelgas

Para 4–6 personas

INGREDIENTES

100 g de cebada perlada

100 g de arroz integral de grano largo

450 g de acelgas, con los tallos recortados y dejadas 10 minutos en remojo

2 cucharadas de aceite de oliva

1 cebolla grande finamente picada

2 zanahorias finamente picadas

2 tallos de apio finamente picados

2 dientes de ajo finamente picados

1 lata de 400 g de tomates pera triturados en su jugo

1 hoja de laurel

1 cucharadita de tomillo seco

1 cucharadita de hierbas de Provenza u orégano seco

1 litro de caldo de verduras o pollo

1 lata de 450 g de alubias blancas, escurridas

2 cucharadas de perejil fresco picado

sal y pimienta

queso parmesano recién rallado

1 Lleve a ebullición agua en una cazuela grande. Añada la cebada y el arroz integral y déjelos cocer a fuego suave 30-35 minutos, hasta que estén tiernos. Escúrralos y resérvelos.

2 Escurra las acelgas. Recorte los tallos blancos más duros y córtelos a lo ancho en rodajitas finas; resérvelos. Enrolle las hojas formando un cilindro largo y córtelas bien finas; resérvelas.

3 Caliente el aceite en una cazuela grande. Añada la cebolla, la zanahoria y el apio y rehóguelo removiendo frecuentemente, durante unos 5 minutos, hasta que se haya ablandado y empiece a dorarse. Agregue el ajo y deje a fuego 1 minuto más. Incorpore los tomates con su jugo, el laurel, el tomillo y las hierbas de Provenza. Deje a fuego suave y parcialmente tapado, unos 7 minutos, hasta que todas las verduras estén tiernas.

4 Añada los tallos cortados de las acelgas y el caldo. Deje cocer a fuego suave unos 20 minutos. Incorpore las hojas de acelga y deje otros 15 minutos.

5 Por último, ponga las alubias y el perejil, y la cebada y el arroz cocidos. Salpimente, vuelva a llevarlo a ebullición y cuézalo a fuego suave 8-10 minutos más. Sirva directamente la sopa espolvoreada con el parmesano.

Crema de gambas con arroz

Para 6 personas

INGREDIENTES

650 g de gambas cocidas, con su
cáscara
1 tallo de apio, con hojas si es
posible, picado
$^1/_2$ cucharadita de guindillas
secas chafadas
1,2 litro de agua aprox.
4 cucharadas de mantequilla

1 cebolla finamente picada
2 zanahorias finamente picadas
50 ml de brandi o coñac
225 ml de vino blanco seco
1 hoja de laurel y 10 ramitas de
perejil, atadas con cordel
1-2 cucharaditas de pasta de
tomate

1 cucharadita de pimentón
3 cucharadas de arroz *basmati*
o blanco de grano largo
150 ml de nata líquida espesa
o nata para montar
ramitas de eneldo fresco o
cebollino largo, para adornar

1 Pele las 6 gambas dejando las colas intactas; resérvelas para adornar. Pele el resto y reserve las cáscaras.

2 Ponga todas las cáscaras de gamba en una cazuela, junto con el tallo de apio y las guindillas secas. Añádale el agua. Llévelo a ebullición a fuego vivo, procurando retirar la espuma que vaya subiendo a la superficie. Baje la temperatura y déjelo cocer a fuego suave durante unos 30 minutos. Cuélelo y resérvelo.

3 Derrita la mantequilla en una cazuela grande. Añada la cebolla y la zanahoria y rehóguelo durante 8 minutos, removiendo con frecuencia hasta que se haya ablandado. Agregue el brandi y, alejándose al máximo del fogón, préndale fuego con una cerilla. Deje que las llamas se consuman, añada el vino y déjelo hervir 5 minutos para que se reduzca a la mitad.

4 Incorpore el caldo reservado, el atado de

laurel y perejil, la pasta de tomate, el pimentón y el arroz, y remueva. Llévelo a ebullición y deje a fuego suave 20 minutos hasta que el arroz esté muy tierno.

5 Retire el perejil. Bata la sopa y cuélela sobre una cazuela limpia. Añada la nata líquida y deje cocer a fuego suave durante 2-3 minutos. Añada las 6 gambas y deje cocer 1 minuto más. Sirva la sopa en 6 boles individuales, y adórnelos con un gamba y el eneldo.

Sopa italiana de endivias y arroz

Para 4–6 personas

INGREDIENTES

450 g de endivias
4 cucharadas
   de mantequilla
1 cebolla finamente picada
1 litro de caldo de pollo

100 g de arroz del tipo *arborio*
   o *carnaroli*
nuez moscada recién rallada
2-4 cucharaditas de queso
   parmesano recién rallado

sal y pimienta
hierbas frescas, para adornar
   el plato

1 Separe las hojas de las endivias, desechando las exteriores que estuvieran dañadas. Lávelas bien bajo el chorro de agua fría y escúrralas. Enrolle varias hojas juntas de forma que queden bien apretadas. Córtelas en tiras de 1 cm y resérvelas. Haga lo mismo con las otras hojas.

2 Derrita la mantequilla en una cazuela de base gruesa a fuego medio. Saltee la cebolla, removiendo de vez en cuando, durante unos 4 minutos, hasta que se ablande y se dore. Añada las endivias y rehóguelas,

removiendo a menudo, durante unos 2 minutos, hasta que las hojas estén blandas.

3 Incorpore la mitad del caldo y salpimente. Reduzca la temperatura, tape la verdura y déjela a fuego muy lento 25-35 minutos, hasta que esté muy tierna.

4 Agregue el resto del caldo, y cuando hierva, añada el arroz, tápelo parcialmente y déjelo a fuego suave unos 15-20 minutos, removiendo de vez en cuando, hasta que esté tierno, pero conservando su firmeza.

5 Retire la cazuela del fuego, rectifique de sal y pimienta, si fuera necesario, y espolvoree con la nuez moscada. Sirva la sopa en cuencos individuales con un poco de parmesano rallado. Sirva el plato bien caliente, adornado con las hierbas.

SUGERENCIA

Puede sustituir el arroz arborio o carnaroli por arroz blanco de grano largo; el de grano corto tiene demasiado almidón.

Sopa de pavo con arroz

Para 8-10 personas

INGREDIENTES

1 cebolla finamente picada

2 zanahorias cortadas en dados

200 g de arroz blanco largo

2 puerros cortados en rodajitas

225 g de guisantes congelados

115 g de tirabeques frescos o descongelados, cortados en rodajitas

115 g de espinacas frescas o berros, lavados y cortados en tiras

450 g de carne de pavo cocida, cortada en dados

1 cucharada de perejil fresco finamente picado

sal y pimienta

CALDO:

1 manojo de perejil fresco

2 muslos de pavo

1 hoja de laurel

1 cucharadita de tomillo seco

2 cebollas sin pelar, cortadas en cuartos

1 zanahoria cortada en trozos grandes

2 tallos de apio cortados en trozos grandes

1 chirivía cortada en trozos grandes (opcional)

1 manzana o 1 pera (opcional)

1 cucharada de granos de pimienta negra

1 Para hacer el caldo, ate primero las ramitas de perejil, póngalas en una cazuela grande con el resto de los ingredientes y suficiente agua fría para cubrirlos unos dos dedos por encima.

2 Llévelo a ebullición a fuego vivo, retirando la espuma de la superficie. Deje que hierva durante 2 minutos, baje el fuego al mínimo y déjelo cocer unas 2-3 horas. Deje enfriar el caldo ligeramente y cuélelo sobre un cuenco grande. Retire la grasa que pueda estar flotando, y después pase un papel de cocina por la superficie para absorber el resto.

3 Ponga unos 3 litros del caldo de pavo en una cazuela grande. Añada la cebolla y la zanahoria y llévelo a ebullición.

4 Incorpore el arroz, baje un poco el fuego y déjelo cocer unos 15-20 minutos hasta que esté tierno, removiendo 1 o 2 veces.

5 Añada el resto de las verduras a la cazuela y deje que se cuezan a fuego suave 10 minutos. Agregue la carne de pavo cocida, caliéntela bien y salpimente. Por último, adorne con el perejil y sirva la sopa.

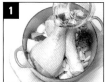

Crema de maíz con pollo y arroz salvaje

Para 6-8 personas

INGREDIENTES

75 g de arroz salvaje, lavado

3 mazorcas de maíz frescas,
  sin la farfolla ni las barbas

2 cucharadas de aceite de oliva

1 cebolla grande finamente
  picada

1 tallo de apio cortado
  en rodajitas

1 puerro, recortado y cortado
  en rodajitas

1/2 cucharadita de tomillo seco

2 cucharadas de harina

1 litro de caldo de pollo

250 g de pollo ahumado
  deshuesado, sin piel y cortado
  en dados o tiras finas

225 ml de nata líquida espesa
  o nata para montar

1 cucharada de eneldo fresco
  picado

sal y pimienta

ramitas de eneldo fresco,
  para adornar

1 Lleve a ebullición agua en una cazuela grande. Añada 1 cucharada de sal y el arroz salvaje. Vuelva a llevarla a ebullición, baje el fuego, tape la cazuela y deje cocer el arroz unos 40 minutos, hasta que esté tierno pero no reblandecido. No lo cueza demasiado, ya que la cocción proseguirá con la sopa. Escúrralo y enjuáguelo antes de dejarlo reservado.

2 Sostenga las mazorcas de maíz en posición vertical sobre una tabla de picar y vaya desgranándolas ayudándose con un cuchillo pesado y afilado. Reserve los granos de maíz. Raspe las mazorcas para extraer el jugo lechoso, y resérvelo para la sopa.

3 Caliente el aceite en una cazuela grande a fuego medio. Añada la cebolla, el apio, el puerro y el tomillo seco. Rehóguelo durante unos 8 minutos removiendo de vez en cuando, hasta que las verduras estén tiernas.

4 Espolvoree la harina y remuévala hasta que se haya mezclado con el resto de los ingredientes. Poco a poco agregue el caldo y el maíz, con su jugo, y llévelo todo a ebullición. Déjelo cocer a fuego suave 25 minutos, hasta que las verduras estén tiernas.

5 Añada el pollo ahumado, el arroz salvaje, la nata y el eneldo. Salpimente. Déjelo cocer durante 10 minutos. Adorne el plato con las ramitas de eneldo y sírvalo bien caliente.

Quingomboes con pollo y salchichas

Para 6–8 personas

INGREDIENTES

1,25 kg de pollo, cortado
en 8 trozos
85 g de harina
175 ml de aceite vegetal
700 g de *andouille* (salchicha
ahumada *cajun*) o *kielbasa*
polaca, o cualquier salchicha
de cerdo ahumada, cortada
en trozos de 5 cm
2 cebollas grandes finamente
picadas

3-4 tallos de apio finamente
picados
2 pimientos verdes, sin semillas
y finamente picados
700 g de quingomboes, con las
puntas recortadas y cortados
en trozos de 1 cm
4 dientes de ajo picados
2 hojas de laurel
$^1/_2$ cucharadita de cayena molida
o al gusto

1 cucharadita de cualquier tipo
de mostaza seca en polvo
1 cucharadita de tomillo seco
$^1/_2$ cucharadita de comino molido
$^1/_2$ cucharadita de orégano seco
1,5 litro de caldo de pollo caliente
3-4 tomates maduros, sin
semillas y picados
sal
400 g de arroz blanco de grano
largo, cocido, para servir

1 Reboce el pollo en harina. En una sartén grande, ponga 2 cucharadas de aceite, y fría el pollo durante unos 10 minutos, hasta que se haya dorado. Resérvelo.

2 Fría los trozos de salchicha en la sartén, removiéndolos durante unos 5 minutos, hasta que empiecen a coger color. Resérvelos.

3 Caliente el resto del aceite en la sartén limpia hasta que empiece a humear. Añada lo que quede de la harina y remueva con rapidez. Baje el fuego y rehogue unos 20 minutos sin dejar de remover, hasta que la salsa adquiera un color intenso.

4 Incorpore la cebolla, el apio y el pimiento, y rehóguelos unos 3 minutos. Añada los quingomboes, el ajo, el laurel, la cayena, la pimienta, la mostaza, el tomillo, el comino y el orégano, y remueva bien.

5 Poco a poco, vaya añadiendo el caldo, removiéndolo tras cada adición. Cuézalo a fuego suave 10 minutos. Agregue el pollo y la salchicha reservados y el tomate, y cuézalo durante unos 20 minutos, hasta que la carne esté tierna.

6 Para servir el arroz, introdúzcalo en un cuenco, y vuélquelo sobre el plato. Sirva los quingomboes alrededor del arroz.

Sopa vietnamita de fideos de arroz

Para 4–6 personas

INGREDIENTES

1 paquete de 175 g de fideos
    de arroz secos
4-6 cebolletas cortadas en
    rodajitas finas en diagonal
1 manojo de cilantro fresco
1 manojo de menta fresca
350 g de carne de buey,
    de filete o aguja, cortada
    en lonchas muy finas

1 guindilla roja fresca, cortada
    en rodajitas finas en diagonal
sal y pimienta

CALDO:
900 g de huesos carnosos
    de buey
4 cebolletas picadas
2 zanahorias troceadas

1 puerro troceado
3 anises de estrella enteros
1 cucharadita de granos
    de pimienta negra

1 Para hacer el caldo ponga los huesos, la cebolleta, la zanahoria, el puerro, el anís estrella y los granos de pimienta en una cazuela grande o cacerola de barro refractaria con agua y llévelo a ebullición. Déjelo a fuego suave y parcialmente tapado durante unas 3 horas.

2 Cuélelo sobre un cuenco grande y retire la grasa de la superficie; pase un trozo de papel de cocina por la superficie para eliminar los restos de grasa que puedan quedar.

3 Deje los fideos en remojo en agua caliente durante 3 minutos, hasta que se ablanden; escúrralos. Con unas tijeras córtelos en trozos de unos 10 cm.

4 Coloque la cebolleta y la guindilla en una bandeja de servir. Arranque las hojas de las ramitas de cilantro y colóquelas formando un montoncito sobre la bandeja.

Haga lo mismo con la menta y colóquela junto al cilantro.

5 Lleve el caldo de buey a ebullición en una cazuela grande. Añádale los fideos y cuézalos a fuego suave durante 2 minutos, hasta que estén tiernos. Incorpore la carne y déjela cocer 1 minuto. Salpimente al gusto.

6 Vierta la sopa en varios cuencos y sírvala con la cebolleta, la guindilla y las hierbas aparte.

Ensalada caliente de arroz al estilo griego

Para 4–6 personas

INGREDIENTES

200 g de arroz blanco de grano largo

80 ml de aceite de oliva virgen

2-3 cucharadas de zumo de limón

1 cucharada de orégano fresco picado o 1 cucharadita de seco

1/2 cucharadita de mostaza de Dijon

2 tomates grandes maduros, sin semillas y picados

75 g de aceitunas de Kalamata o algún otro tipo de aceitunas negras conservadas en salmuera, deshuesadas y partidas por la mitad

225 g de queso feta, desmenuzado, y algunos dados más, para decorar

1 pimiento rojo o verde, sin semillas y picado

1 cucharada de alcaparras, lavadas y escurridas

2-4 cucharadas de perejil o cilantro fresco

sal y pimienta

dados de pepino, para adornar

1 Lleve una cazuela con agua a ebullición. Añádale una cucharadita de sal, vierta el arroz y vuélvala a llevar a ebullición. Reduzca la temperatura y déjelo a fuego suave 15-20 minutos, hasta que el arroz esté tierno, removiendo 1 o 2 veces. Escúrralo, paselo bajo el chorro de agua fría, y después vuélvalo a escurrir.

2 Mientras tanto, bata en un cuenco el aceite de oliva con el zumo de limón, el orégano, la mostaza, la sal y la pimienta. Añada los tomates, el pimiento, las aceitunas, el queso feta, las alcaparras y el perejil, y remuévalo para que queden recubiertos por el aliño. Déjelo reposar.

3 Incorpore el arroz a un cuenco grande; añada la mezcla de verduras y remuévalo bien para mezclar los ingredientes.

4 Salpimente. Reparta la ensalada entre 4-6 platos individuales y adórnelos con los dados de feta extra y el pepino. Sírvala caliente.

VARIACIÓN

Esta ensalada también está deliciosa preparada con arroz integral: sólo tiene que aumentar el tiempo de cocción a 25-30 minutos.

Ensalada de arroz salvaje, beicon y vieiras

Para 4 personas

INGREDIENTES

150 g de arroz salvaje

600 ml de agua o un poco más
   si fuera necesario

50 g de pacanas o nueces

2 cucharadas de aceite vegetal

3-4 chalotes, finamente picados

2 lonchas de beicon ahumado,
   cortadas en dados o tiras
   finas

80 ml de aceite de nuez

2-3 cucharadas de vinagre de
   jerez o de sidra

2 cucharadas de eneldo fresco
   picado

8-12 vieiras grandes, cortadas
   por la mitad a lo largo

sal y pimienta

rodajas de lima y de limón

1 Ponga el arroz salvaje en una cazuela con el agua y llévelo a ebullición, removiéndolo 1 o 2 veces. Reduzca la temperatura al mínimo, tape la cazuela y deje cocer el arroz 30-50 minutos, dependiendo de la textura que prefiera. Ahueque el arroz con un tenedor y páselo a un cuenco grande. Déjelo enfriar un poco.

2 Mientras tanto tueste los frutos secos en una sartén durante unos 2-3 minutos, hasta que empiecen a dorarse. Déjelos enfriar y píquelos gruesos. Resérvelos.

3 Caliente 1 cucharada de aceite vegetal en la sartén. Fría el beicon, removiéndolo de vez en cuando, hasta que esté dorado y crujiente. Deje que se escurra sobre papel de cocina. Retire parte del aceite de la sartén y añada los chalotes. Fríalos 3-4 minutos, removiéndolos, hasta que se hayan ablandado.

4 Incorpore los frutos secos tostados, el beicon y los chalotes al arroz. Agregue el aceite de nuez, el vinagre, la mitad del eneldo picado y sazone con sal y pimienta al gusto. Remuévalo bien para mezclar los ingredientes, y resérvelos.

5 Unte una sartén antiadherente con el resto del aceite. Caliéntelo bien y fría las vieiras 1 minuto por cada lado, hasta que estén doradas; no deje que se cuezan en exceso.

6 Reparta la ensalada de arroz salvaje en 4 platos individuales. Ponga encima las vieiras y espolvoree con eneldo. Adorne con una ramita de eneldo, si lo desea, y sirva directamente con las rodajas de lima y de limón.

Ensalada picante de arroz, alubias y maíz

Para 4-6 personas

INGREDIENTES

100 g de arroz blanco o integral
de grano largo
3 mazorcas de maíz
aceite de cacahuete
1 cebolla roja pequeña, finamente
picada

1 guindilla roja o verde, sin
semillas y finamente picada
1 cucharada de zumo de limón
1 cucharada de zumo de lima
1/2 cucharadita de cayena molida,
o al gusto

2 cucharadas de cilantro fresco
picado
1 lata de 400 g de alubias
115 g de lonchas de jamón
cocido, cortadas en dados
sal y pimienta

1 Cueza el arroz en agua hirviendo con una cucharadita de sal durante unos 15-20 minutos, removiéndolo 1 o 2 veces, hasta que esté tierno (el arroz integral se cuece en unos 25-30 minutos). Escúrralo, páselo bajo el chorro de agua fría y vuelva a escurrirlo. Resérvelo.

2 Desgrane las mazorcas ayudándose con un cuchillo y reserve los granos de maíz. Raspe bien las mazorcas para extraer el jugo lechoso y póngalo en un cuenco pequeño.

3 Caliente 1 cucharada de aceite en la cazuela, y fría los granos de maíz a fuego suave unos 5 minutos, removiendo con frecuencia, hasta que estén tiernos. Añada la cebolla roja y la guindilla y remueva hasta que se hayan mezclado. Viértalo en un plato y déjelo enfriar ligeramente.

4 Ponga los zumos de lima y de limón en un cuenco grande y añada la cayena molida, 2-3 cucharadas de aceite y el líquido lechoso de las mazorcas. Incorpore el cilantro y mézclelo todo bien.

5 Con un tenedor vaya esponjando el arroz cocido mientras lo mezcla con el maíz y la cebolla. Añada las alubias y el jamón y salpiméntelo. Sírvalo directamente en un cuenco.

SUGERENCIA

Aunque las mazorcas frescas tienen un sabor delicioso, también puede sustituirlas sin problema por maíz de lata o maíz congelado, a temperatura ambiente.

Ensalada de gazpacho y arroz

Para 4-6 personas

INGREDIENTES

125 ml de aceite de oliva virgen
1 cebolla finamente picada
4 dientes de ajo finamente
    picados
200 g de arroz blanco de grano
    largo o *basmati*
350 ml de caldo de verduras
    o agua
1½ cucharadita de tomillo seco
3 cucharadas de vinagre de jerez

1 cucharadita de mostaza de
    Dijon
1 cucharadita de miel o de azúcar
1 pimiento rojo, sin la pulpa
    blanca ni las semillas y picado
½ pimiento amarillo, sin la pulpa
    blanca ni las semillas y picado
½ pimiento verde, sin la pulpa
    blanca ni las semillas y picado
1 cebolla roja finamente picada

½ pepino picado (opcional)
3 tomates, sin semillas y picados
2-3 cucharadas de perejil picado
sal y pimienta

PARA SERVIR:
12 tomates cereza
12 aceitunas negras picadas
1 cucharada de almendras
    tostadas fileteadas

1 Caliente 2 cucharadas de aceite en una cazuela grande. Fría la cebolla 2 minutos, removiéndola con frecuencia, hasta que empiece a ablandarse. Añada la mitad del ajo y fría 1 minuto más.

2 Añada el arroz, remueva bien para impregnarlo, y rehóguelo unos 2 minutos hasta que esté transparente. Agregue el caldo y la mitad del tomillo, y póngalo a hervir; salpimente. Deje el arroz a fuego lento, tapado, unos 20 minutos, hasta que esté tierno. Déjelo reposar, sin retirar la tapa, durante unos 15 minutos; destape la cazuela y déjelo enfriar del todo.

3 Bata el vinagre con el resto del ajo y del tomillo, la mostaza, la miel, la sal y la pimienta en un cuenco grande. Poco a poco vaya incorporando unos 90 ml de aceite de oliva.

Con un tenedor ahueque el arroz y mézclelo con la vinagreta.

4 Añada los pimientos, la cebolla roja, el pepino, los tomates y el perejil. Remuévalo todo bien y salpimente.

5 Viértalo en una ensaladera y adorne el plato con los tomates, las aceitunas y las almendras. Sírvalo caliente.

Ensalada César al estilo tailandés

Para 4 personas

INGREDIENTES

1 lechuga rizada grande, sin las
  hojas exteriores, o 2 cogollos
aceite vegetal para freír
4-6 láminas grandes de papel
  de arroz o 115 g de copos de
  papel de arroz
un manojo pequeño de cilantro,

con las hojas arrancadas
  del tallo

ALIÑO:
80 ml de vinagre de arroz
2-3 cucharadas de salsa de
  pescado tailandesa

2 dientes de ajo picados gruesos
1 cucharada de azúcar
1 trozo de jengibre fresco pelado
  y picado grueso
125 ml de aceite de girasol
sal y pimienta

1 Corte las hojas de
  lechuga en trozos
pequeños y colóquelos
en una ensaladera.

2 Para hacer el aliño, ponga
  el vinagre, la salsa de
pescado, el ajo, el azúcar y
el jengibre en una batidora
y bátalos 15-30 segundos.

3 Con la batidora
  en marcha añada
gradualmente el aceite de
girasol hasta que se forme un
líquido cremoso. Salpimente
y vierta la mezcla en una
salsera. Resérvela.

4 Caliente unos 7,5 cm de
  aceite en una freidora a
190 °C.

5 Mientras tanto, trocee
  las láminas de papel de
arroz y sumérjalas en un
cuenco con agua para
reblandecerlas. Extiéndalas
sobre un paño limpio y
séquelas bien con papel
de cocina.

6 Trabajando en tandas,
  fría los trozos de papel
de arroz unos 15 segundos,
hasta que estén dorados y
crujientes. Ayudándose con

una espumadera, póngalos
sobre papel de cocina para
que se escurran.

7 Mezcle las hojas de
  cilantro con la lechuga.
Añada el papel de arroz frito
y aliñe. Mézclelo todo y sirva
directamente.

VARIACIÓN

*Puede sustituir
2 cucharadas de aceite
de girasol por dos de
aceite de sésamo.*

Ensalada de arroz integral, lentejas y setas

Para 6-8 personas

INGREDIENTES

225 g de lentejas de Puy, lavadas
4 cucharadas de aceite de oliva
1 cebolla finamente picada
200 g de arroz integral largo
1/2 cucharadita de tomillo seco
450 ml de caldo de pollo
350 g de setas chinas *shiitake*,
    con el tallo recortado y
    cortadas en láminas
2 dientes de ajo picados

115 g de beicon ahumado,
    cortado en dados y frito hasta
    que esté crujiente
2 calabacines cortados en dados
1-2 tallos de apio, cortados en
    rodajitas
6 cebolletas, cortadas en rodajitas
2-3 cucharadas de perejil picado
2 cucharadas de mitades de nuez,
    tostadas y picadas gruesas

sal y pimienta

ALIÑO:
2 cucharadas de vinagre de vino
1 cucharada de vinagre balsámico
1 cucharadita de mostaza de Dijon
1 cucharadita de azúcar
80 ml de aceite de oliva virgen
    extra
2-3 cucharadas de aceite de nuez

1 Lleve agua a ebullición en una cazuela grande. Añada las lentejas, vuélvala a llevar a ebullición y déjelas cocer a fuego suave durante 30 minutos, hasta que estén tiernas; no las cueza en exceso. Escúrralas, páselas bajo el chorro de agua fría y vuelva a escurrirlas. Resérvelas.

2 Caliente 2 cucharadas de aceite en una cazuela grande, y fría la cebolla hasta que empiece a ablandarse. Añada el arroz y remueva para impregnarlo. Agregue el tomillo, el caldo, la sal y la pimienta y déjelo cocer a fuego lento, bien tapado, unos 40 minutos, hasta que el arroz esté tierno y sin líquido.

3 Caliente el resto del aceite en una sartén y saltee las setas 5 minutos, hasta que estén doradas. Añada el ajo y déjelo freír todo 30 segundos. Añada sal y pimienta.

4 Para el aliño mezcle en un cuenco grande los vinagres con la mostaza y el azúcar, y añada gradualmente los aceites, batiéndolo todo. Salpimente. Incorpore las lentejas y remueva con suavidad. Añada el arroz con un tenedor, removiendo.

5 Agregue el beicon, las setas, el calabacín, el apio, la cebolleta y el perejil y salpimente. Espolvoree con las nueces antes de servir.

Ensalada marroquí de arroz mixto

Para 4-6 personas

INGREDIENTES

800 ml de agua

1 cucharada de salsa de soja

1 cucharada de melaza de caña no sulfatada

75 g de arroz salvaje

2 cucharadas de aceite de oliva

100 g de arroz blanco o integral de grano largo

1 lata de 425 g de garbanzos, lavados y escurridos

1/2 cebolla roja finamente picada

1 pimiento rojo pequeño, sin semillas y cortado en dados

85 g de albaricoques secos remojados, cortados en rodajas

75 g de pasas

2 cucharadas de menta o cilantro

60 g de almendras tostadas fileteadas

hojas de lechuga, para adornar

gajos de limón, para servir

ALIÑO PICANTE:

1 cucharadita de curry picante

1 cucharadita de cilantro molido

1 cucharadita de cúrcuma molida

1 cucharadita de nuez moscada

1/2 cucharadita de cayena molida

50 ml de vinagre de arroz

2 cucharadas de miel

1 cucharada de zumo de limón

80 ml de aceite de oliva

1 Lleve a ebullición un cazo con 350 ml de agua, la salsa de soja y la melaza. Añada el arroz salvaje y deje que vuelva a hervir. Manténgalo a fuego suave, tapado, 30-50 minutos, según si lo prefiere más o menos blando. Retírelo del fuego y déjelo enfriar un poco.

2 Caliente el aceite en una cazuela, añada el arroz integral y remueva 2 minutos para que se impregne. Agregue el resto del agua y llévelo a ebullición; baje el fuego al mínimo y déjelo cocer 40 minutos tapado, hasta que el arroz esté tierno y haya absorbido el agua. Retire del fuego para que se enfríe ligeramente.

3 Mientras tanto prepare el aliño. Ponga las especias molidas en una sartén pequeña y saltéelas a fuego suave 4-5 minutos, hasta que estén doradas. Déjelas enfriar en un platito. Bata el vinagre con la miel y el zumo de limón en un cuenco grande, y después añada el aceite y siga batiendo hasta que el aliño esté espeso. Incorpore la mezcla de especias.

4 Con un tenedor añada los dos arroces al aliño, y mézclelo todo bien. Añada los garbanzos, la cebolla, el pimiento, los albaricoques, las pasas y la menta.

5 Para servir, espolvoree la ensalada con las almendras, sírvala con los gajos de limón y adorne el plato con la lechuga.

Ensalada de risotto al pesto

Para 4-6 personas

INGREDIENTES

3 cucharadas de aceite de oliva
    virgen extra
1 cebolla finamente picada
200 g de arroz *arborio*
450 ml de agua hirviendo
6 tomates secados al sol,
    cortados en gajos finos
1/2 cebolla roja pequeña, cortada
    en rodajitas finas

3 cucharadas de zumo
    de limón

PESTO:
50 g de hojas de albahaca fresca
2 dientes de ajo finamente
    picados
2 cucharadas de piñones
    ligeramente tostados

125 ml de aceite de oliva virgen
    extra
50 g de queso parmesano recién
    rallado
sal y pimienta

PARA DECORAR:
hojas de albahaca fresca
virutas de parmesano

1 Para hacer el pesto bata la albahaca, el ajo y los piñones en una batidora y durante unos 30 segundos. Con la batidora en marcha añada gradualmente el aceite de oliva hasta formar una pasta suave. Añada el queso y continúe batiendo procurando que la mezcla conserve cierta textura.Vierta el pesto en un bol y añádale sal y pimienta. Resérvelo.

2 Caliente 1 cucharada de aceite en una cazuela.

Fría la cebolla hasta que empiece a ablandarse. Añada el arroz y remuévelo para recubrirlo. Rehóguelo, removiendo de vez en cuando, unos 2 minutos. Agregue el agua hirviendo, sal y pimienta. Cuézalo a fuego lento, tapado, 20 minutos, hasta que el arroz esté tierno y haya absorbido el líquido. Déjelo enfriar ligeramente.

3 Ponga los tomates secados al sol y las rodajas de cebolla en un cuenco

grande, agregue el zumo de limón y unas 2 cucharadas de aceite. Con un tenedor incorpore el arroz caliente y la salsa pesto. Mézclelo todo bien. Rectifique de sal y pimienta si fuera necesario. Cúbralo y déjelo enfriar a temperatura ambiente.

4 Vierta la mezcla de arroz en un cuenco plano. Rocíelo con aceite de oliva y adórnelo con la albahaca y el parmesano. Sirva la ensalada a temperatura ambiente.

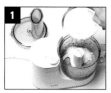

Ensalada de arroz rojo con aliño picante

Para 6-8 personas

INGREDIENTES

1 cucharada de aceite de oliva

200 g de arroz rojo

600 ml de agua

1 lata de 400 g de judías escarlata, enjuagadas y escurridas

1 pimiento rojo pequeño, sin la pulpa blanca ni las semillas y cortado en dados

1 cebolla roja pequeña, finamente picada

2 remolachas pequeñas cocidas (sin vinagre), peladas y cortadas en dados

6-8 rábanos, cortados en rodajitas

2-3 cebollino fresco picado

sal y pimienta

cebollino fresco, para decorar

ALIÑO PICANTE:

2 cucharadas de rábano picante preparado

1 cuchara de mostaza de Dijon

1 cucharadita de azúcar

50 ml de vinagre de vino tinto

125 ml de aceite de oliva virgen

1 Ponga el aceite de oliva y el arroz rojo en una cazuela de base gruesa a fuego medio. Añada el agua y 1 cucharadita de sal y llévelo a ebullición. Deje cocer el arroz a fuego suave, tapado, hasta que esté tierno y haya absorbido todo el líquido (véase sugerencia). Retírelo del fuego y déjelo enfriar a temperatura ambiente.

2 Para hacer el aliño ponga el rábano picante, la mostaza y el azúcar en un bol y mézclelo. Añada el vinagre y poco a poco vaya agregando el aceite, batiendo bien para conseguir un aliño suave.

3 En un cuenco grande mezcle bien las judías con el pimiento, la cebolla, la remolacha, los rábanos y el cebollino. Añada sal y pimienta.

4 Con un tenedor vaya ahuecando y pasando el arroz al cuenco, y mézclelo con el resto de los ingredientes. Aliñe la ensalada, tápela y déjela reposar 1 hora. Sírvala en una ensaladera grande, adornada con el cebollino.

SUGERENCIA

Existen distintas variedades de arroz rojo en el mercado. Lea bien las instrucciones, ya que el tiempo de cocción varía entre unas y otras.

Salsa mexicana afrutada con frijoles

Para 4-6 personas

INGREDIENTES

150 g de frijolitos negros, dejados en remojo en agua fría toda la noche

1 cebolla pinchada con 4 clavos

150 g de arroz salvaje

2 dientes de ajo pelados

450 ml de agua hirviendo

2 guindillas rojas frescas, sin semillas y cortadas en rodajitas

1 cebolla roja finamente picada

1 pimiento rojo grande, sin semillas y picado

1 mango o papaya pequeño, pelado y cortado en dados

2 naranjas, divididas en gajos y con el zumo reservado

4 granadillas, con la pulpa y el jugo

el zumo de 3-4 limas

^{1}/$_2$ cucharadita de comino molido

1 cucharada de sirope de arce o azúcar moreno claro

150 ml de aceite de oliva virgen extra

1 manojo pequeño de cilantro, con las hojas arrancadas de los tallos y picadas

rodajas de lima, para adornar

1 Escurra los frijoles y póngalos en una cazuela con la cebolla. Cúbralos con agua fría unos 5 cm por encima. Déjelos cocer con el fuego al mínimo 1 hora, hasta estén tiernos. Deseche la cebolla, enjuague los frijoles con agua fría y escúrralos. Resérvelos.

2 Mientras tanto ponga el arroz salvaje y el ajo en una cazuela y cúbralo con agua hirviendo. Déjelo cocer a fuego suave 30-50 minutos, dependiendo de la textura que prefiera. Déjelo enfriar ligeramente; deseche los dientes de ajo.

3 Ponga los frijoles en un cuenco grande y con un tenedor vaya incorporando el arroz. Añada la cebolla, las guindillas, el pimiento, el mango, los gajos de naranja y su jugo y la pulpa y el jugo de la fruta de la pasión. Mezcle bien todos los ingredientes.

4 Mezcle el zumo de lima con el comino en polvo y el sirope de arce. Añada, batiendo, el aceite de oliva y la mitad del cilantro, y viértalo sobre la mezcla de arroz y frijoles, removiendo bien. Tápelo y déjelo durante 2 horas.

5 Vierta la ensalada en un cuenco de servir y espolvoréela con el resto del cilantro. Sírvala adornada con las rodajas de lima.

Ensalada de gambas con arroz tostado

Para 4 personas

INGREDIENTES

225 g de gambas crudas,
   con las colas intactas
cayena molida
2 cucharadas de aceite de girasol
1 cucharada de arroz blanco
   de grano largo
1/2 pepino pequeño, ligeramente
   pelado, sin semillas y cortado
   en rodajas finas

1 lechuga rizada grande, sin las
   hojas exteriores, o 2 cogollos
1 manojo pequeño de cebollino,
   cortado en trozos de 2,5 cm
un puñado de hojas de menta
sal y pimienta

ALIÑO:
50 ml de vinagre de arroz

1 guindilla roja, sin semillas
   y cortada en rodajitas
1 trozo de citronela de 7,5 cm,
   machacada
el zumo de 1 lima
2 cucharadas de salsa de pescado
   tailandesa
1 cucharadita de azúcar,
   o al gusto

1 Corte cada gamba por la mitad a lo largo, dejando la cola en una de las mitades. Retire el hilo intestinal y séquelas con papel de cocina. Espolvoréela con un poco de sal y cayena molida.

2 Para hacer el aliño mezcle el vinagre con el vino y la citronela y déjelo macerar.

3 Caliente el aceite en un wok o cazuela de base gruesa, a fuego vivo. Añada el arroz y remuévalo hasta que esté dorado y desprenda mucho aroma. Viértalo en un mortero y déjelo enfriar del todo. Májelo con suavidad con la mano de mortero hasta que se formen unas migas gruesas.

4 Saltee las gambas en la cazuela limpia 1 minuto, hasta que estén calientes. Páselas a un plato y sazónelas con pimienta.

5 Trocee la lechuga en pedazos y colóquela en una ensaladera llana. Añada el pepino, el cebollino y las hojas de menta, y mézclelo todo bien.

6 Retire la citronela y la mayor parte de las rodajas de guindilla del vinagre de arroz, y agregue, batiendo, el zumo de lima, la salsa de pescado y el azúcar. Vierta el aliño sobre la ensalada, reservando un poco, y mézclelo. Añada las gambas y el resto del aliño. Espolvoree con el arroz tostado, y sirva.

Ensalada tailandesa de fideos con gambas

Para 4 personas

INGREDIENTES

85 g de fideos finos de arroz

175 g de tirabeques, cortados por la mitad si son grandes

5 cucharadas de zumo de lima

4 cucharadas de salsa de pescado tailandesa

1 cucharada de azúcar, o al gusto

1 trozo de jengibre fresco pelado y finamente picado

1 guindilla roja fresca, sin semillas y cortada en rodajitas finas en diagonal

4 cucharadas de cilantro o menta fresca picada, y un poco más para decorar

1 trozo de pepino de 10 cm, pelado, sin semillas y cortado en dados

2 cebolletas cortadas en rodajitas diagonales

16-20 gambas grandes cocidas y peladas

2 cucharadas de cacahuetes o anacardos sin sal (opcional)

4 gambas cocidas enteras

rodajas de limón, para adornar

1 Ponga los fideos de arroz en un cuenco grande y cúbralos con agua caliente. Déjelos reposar 4 minutos hasta que se hayan ablandado. Escúrralos y aclárelos con agua fría. Escúrralos de nuevo y resérvelos.

2 Lleve a ebullición una cazuela con agua. Añada los tirabeques y cuézalos a fuego lento durante 1 minuto. Escúrralos y aclárelos con agua fría. Escúrralos de nuevo y resérvelos.

3 En un cuenco grande bata el zumo de lima con la salsa de pescado, el azúcar, el jengibre, la guindilla y el cilantro o la menta. Añada el pepino y la cebolleta, y a continuación, los fideos escurridos, los tirabeques y las gambas. Remueva la ensalada con suavidad.

4 Reparta la ensalada de fideos entre 4 platos. Espolvoréela con el cilantro picado y los cacahuetes (si los utiliza), adorne cada plato con

una gamba entera y una rodaja de limón, y sírvalos directamente.

SUGERENCIA

Existen muchos tamaños de fideos en el mercado. Para esta receta utilice los fideos chinos más finos, llamados sen mee. Con otro tipo de fideos, la ensalada resultaría demasiado pesada.

Blinis de arroz salvaje con salmón ahumado

Para unos 50 blinis

INGREDIENTES

mantequilla o aceite para freír
4 cebolletas cortadas en rodajitas
    finas en diagonal
115 g de salmón ahumado,
    cortado en lonchas finas
    o en tiras delgadas
125 ml de crema agria
cebollino picado,
    para adornar

BLINIS:
80 ml de agua tibia
1 ¹/₂ cucharadita de levadura
    seca
60 g de harina
70 g de harina de trigo sarraceno
2 cucharadas de azúcar
¹/₂ cucharadita de sal
225 ml de leche

2 huevos, las yemas separadas
    de las claras
2 cucharadas de mantequilla
    derretida
60 g de arroz salvaje cocido

1 Ponga el agua tibia en un bol pequeño y espolvoree la levadura por encima. Déjela reposar hasta que se haya disuelto y la mezcla empiece a burbujear.

2 Tamice las harinas en un cuenco grande y añada la sal y el azúcar. Haga un hoyo en el centro y vierta en su interior 175 ml de leche caliente y la mezcla de levadura. Gradualmente, vaya mezclando la harina con el líquido para formar una pasta.

Cubra el cuenco con plástico de cocina y deje reposar la mezcla en un lugar cálido

3 Bata el resto de la leche con las yemas de huevo y la mantequilla derretida y agréguela a la pasta.

4 Bata a punto de nieve las claras de huevo. Añada una cucharada a la pasta y, a continuación, el resto de las claras y el arroz salvaje, alternando las cucharadas; no lo mezcle en exceso.

5 Caliente un poco de mantequilla o aceite en una sartén, y fría varias cucharadas de pasta durante 1-2 minutos, hasta que burbujee. Déle la vuelta a los blinis y fríalos 30 segundos más. Retírelos y manténgalos calientes en el horno mientras fríe el resto.

6 Para servirlos, ponga encima las cebolletas, las tiras de salmón, una cucharada de crema agria y espolvoree con el cebollino.

Platos principales y guarniciones

El arroz, al igual que el trigo, es uno de los alimentos más versátiles que existen. Puede servir como ingrediente básico de un plato principal, o como discreto acompañamiento para un asado o un estofado.

Añada arroz a platos tan sustanciosos como el pollo a la vasca o, combinándolo con cordero y especias exóticas, cree un delicioso pilaf al estilo oriental. El arroz resulta ideal para preparar platos únicos: el arroz con marisco es una maravillosa combinación de mejillones, almejas, pimiento y guindilla; o bien, siga la tradición cubana de servir arroz con frijoles negros, salchicha y jamón en un plato que satisface el apetito más voraz.

Transforme el arroz en pastelitos al curry, una sabrosa alternativa vegetariana a las hamburguesas, o sírvalo para contrastar los intensos sabores de algunos salteados. Los fideos de arroz también pueden dar lugar a excelentes platos únicos: si desea sorprender con una cena exótica, pruebe los fideos tailandeses con pollo y cangrejo.

El arroz es una excelente guarnición para sabores delicados. Cualquier plato se realzará con el arroz al limón con menta; si se trata de un plato de pescado al vapor o carne de ave, el aromático arroz basmati a la naranja será el compañero perfecto.

Pollo a la vasca

Para 4-5 personas

INGREDIENTES

1,3 kg de pollo cortado en 8 trozos

unas 2 cucharadas de harina, para espolvorear

2-3 cucharadas de aceite de oliva

1 cebolla grande cortada en rodajas gruesas

2 pimientos, sin semillas, cortados en tiras anchas

2 dientes de ajo

150 g de chorizo picante, sin piel y cortado en trozos de 1 cm

1 cucharada de pasta de tomate

200 g de arroz blanco de grano largo o de grano medio

450 ml de caldo de pollo

1 cucharadita de guindillas secas machacadas

½ cucharadita de tomillo seco

125 g de jamón de Bayona o de algún otro tipo curado al aire, cortado en dados

12 aceitunas negras

2 cucharadas de perejil fresco picado

sal y pimienta

1 Seque bien los trozos de pollo con papel de cocina. Ponga la harina en una bolsa de plástico, salpimente y añada el pollo. Cierre la bolsa y agítela para rebozarlo.

2 Caliente 2 cucharadas de aceite en una cazuela refractaria grande, a fuego medio. Fría el pollo 15 minutos, hasta que esté dorado, y páselo a un plato.

3 Caliente el resto del aceite en la cazuela para saltear la cebolla y el pimiento. Baje la temperatura a la posición media. Cuando empiecen a dorarse y a ablandarse, incorpore el ajo, el chorizo y la pasta de tomate, y siga removiendo unos 3 minutos. Añada el arroz y fríalo unos 2 minutos, removiendo bien todos los ingredientes, hasta que el arroz se vuelva transparente.

4 Agregue el caldo, las guindillas machacadas, el tomillo, la sal y la pimienta y remueva. Lleve a ebullición. Vuelva a poner el pollo en la cazuela, presionándolo con suavidad sobre el arroz. Tápelo y cuézalo a fuego muy lento unos 45 minutos, hasta que el pollo y el arroz estén tiernos.

5 Con cuidado, añada el jamón, las aceitunas negras y la mitad del perejil a la mezcla de arroz. Vuelva a taparlo y caliéntelo durante 5 minutos. Esparza el resto del perejil por encima, y sirva.

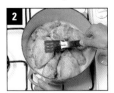

Fideos tailandeses

Para 4 personas

INGREDIENTES

225 g de fideos de arroz planos
(*sen lek*)

2 cucharadas de aceite de
cacahuete o vegetal

225 g de pechugas de pollo
deshuesadas y sin piel

4 chalotes finamente picados

2 dientes de ajo muy picados

4 cebolletas, cortadas en diagonal
en trozos de 5 cm

350 g de carne de cangrejo fresco

75 g de brotes de soja frescos

1 cucharada de rábano en trocitos

2-4 cucharadas de cacahuetes
tostados, picados

ramitas de cilantro fresco

SALSA:

3 cucharadas de salsa de pescado
tailandesa

2-3 cucharadas de vinagre de
arroz o de sidra

1 cucharada de salsa de guindillas
o de ostras

1 cucharada de aceite de sésamo
tostado

1 cucharada de azúcar moreno

¹/₂ cucharadita de cayena molida o
guindilla roja fresca, cortada
en rodajitas

1 Para hacer la salsa, mezcle todos los ingredientes en un bol pequeño, y resérvela.

2 Ponga los fideos de arroz en un cuenco grande y vierta encima agua hirviendo hasta cubrirlos; déjelos unos 15 minutos en remojo, hasta que se hayan ablandado. Escúrralos, luego enjuáguelos y vuelva a escurrirlos.

3 Caliente bien el aceite en un wok de base gruesa a fuego vivo, sin que llegue a humear. Añada el pollo cortado en tiras, y saltéelo 1-2 minutos hasta que empiece a coger color. Con una espumadera coloque las tiras en un plato. Baje la temperatura hasta obtener un fuego medio.

4 Saltee los chalotes, el ajo y la cebolleta en el wok 1 minuto. Añada los fideos escurridos y, después, la salsa que tenía preparada.

5 Vuelva a poner el pollo en el wok junto con la carne de cangrejo, los brotes de soja y el rábano; remuévalo bien todo. Déjelo cocer unos 5 minutos, removiendo con frecuencia. Si los fideos empezaran a pegarse, añada un poquito de agua.

6 Páselo todo a una fuente de servir y espolvoree con los cacahuetes picados. Adorne con cilantro y sirva el plato bien caliente.

Arroz salteado al jengibre con pato

Para 4-6 personas

INGREDIENTES

2 pechugas de pato, cortadas en diagonal en lonchas delgadas
2-3 cucharadas de salsa de soja
1 cucharada de mirin (vino dulce de arroz japonés) o jerez
2 cucharadas de azúcar moreno
1 trozo de jengibre fresco de 5 cm, finamente picado o rallado

4 cucharadas de aceite de cacahuete
2 dientes de ajo chafados
300 g de arroz blanco o integral de grano largo
800 ml de caldo de pollo
115 g de jamón magro cocido, cortado en lonchitas finas

175 g de tirabeques, cortados por la mitad en diagonal
40 g de brotes de soja, lavados
8 cebolletas, cortadas en rodajitas diagonales
2-3 cucharadas de cilantro fresco
salsa de guindillas dulce o picante (opcional)

1 Ponga el pato en un bol llano con 1 cucharada de salsa de soja, el mirin, la mitad del azúcar moreno y ¹/₃ del jengibre. Remueva para recubrirlo y déjelo macerar a temperatura ambiente.

2 Caliente 2-3 cucharadas de aceite de cacahuete en una cazuela de base gruesa a fuego medio. Saltee el ajo y la mitad del resto del jengibre durante 1 minuto o hasta que desprenda aroma. Añada el arroz y deje cocer 3 minutos, removiendo, hasta que empiece a tomar color.

3 Agregue 700 ml de caldo y 1 cucharadita de salsa de soja, y espere a que hierva. Luego baje la temperatura al mínimo, tape la cazuela y cueza durante 20 minutos, hasta que el arroz esté tierno y haya absorbido el líquido. No destape la cazuela, pero retírela del fuego y déjela reposar.

4 Caliente el resto del aceite de cacahuete en un wok grande. Escurra la pechuga de pato y saltéela ligeramente 3 minutos, hasta que empiece a dorarse. Añada 1 cucharada de salsa de soja y el resto del azúcar, y déjela en el fuego 1 minuto más; pásela a un plato y manténgala caliente.

5 Incorpore el jamón, los tirabeques, los brotes de soja, la cebolleta, el resto del jengibre y un poco de cilantro picado; agregue unos 125 ml de caldo y cuézalo durante 1 minuto, o hasta que casi todo el caldo se haya reducido. Incorpore el arroz, y mézclelo bien. Añada unas gotas de salsa de guindilla, si lo desea.

6 Páselo a una fuente de servir, coloque las tiras de pato encima y rocíelo con cilantro.

Pilaf de cordero al estilo de Azerbaiján

Para 4-6 personas

INGREDIENTES

2-3 cucharadas de aceite
650 g de espalda de cordero,
   deshuesada y cortada
   en dados de 2,5 cm
2 cebollas picadas gruesas
1 cucharadita de comino molido
200 g de arroz *arborio*, de grano
   largo o *basmati*
1 cucharada de pasta de tomate

1 cucharadita de hebras
   de azafrán
100 ml de zumo de granada
   (véase sugerencia)
850 ml de caldo de pollo,
   de cordero, o agua
115 g de orejones de albaricoque
   o ciruelas pasas, remojados
   y partidos por la mitad

2 cucharadas de pasas
sal y pimienta

PARA SERVIR:
2 cucharadas de menta fresca
2 cucharadas de berros frescos
   picados

1 Caliente el aceite a fuego vivo en una cazuela grande refractaria o en una cacerola normal. Añada el cordero en tandas y fríalo unos 7 minutos, dándole la vuelta, hasta que esté dorado.

2 Añada la cebolla a la cazuela, baje la temperatura a fuego medio y siga friendo 2 minutos, hasta que esté blanda. Agregue el comino y el arroz, y déjelo 2 minutos más, removiendo para mezclarlo todo bien. Cuando el arroz esté trasparente, incorpore la pasta de tomate y las hebras de azafrán.

3 Agregue el zumo de granada y el caldo, y hágalo hervir, removiendo 1 o 2 veces. Añada los orejones o las ciruelas y remueva. Baje la temperatura al mínimo, tape la cazuela y déjelo cocer 20-25 minutos, hasta que la carne y el arroz estén tiernos y el líquido se haya absorbido.

4 Espolvoree la menta y los berros sobre el *pilaf*, y sírvalo directamente de la cazuela.

SUGERENCIA

Encontrará zumo de granada en tiendas de productos de Oriente Medio. Si no lo encuentra, puede usar zumo de uva o de manzana no edulcorado.

Arroz "sucio" de Louisiana

Para 6 personas

INGREDIENTES

175 g de panceta, cortada
en dados, o lonchas gruesas
de beicon

225 g de higadillos de pollo,
limpios, secos y picados

225 g de mollejas de pollo,
limpias, secas y picadas

1 cebolla muy picada

1 tallo de apio picado muy fino

1 pimiento verde, sin la pulpa
blanca ni las semillas,
cortado en trozos pequeños

3-4 dientes de ajo muy picados

1 cucharadita de comino molido

1 cucharadita de salsa picante
de pimiento rojo, o al gusto

200 g de arroz blanco de grano
largo

600 g de caldo de pollo

2-3 cebolletas cortadas
en rodajas

2-3 cucharadas de perejil fresco
picado

sal y pimienta

1 Fría la panceta o el beicon en una cazuela de base gruesa unos 7 minutos, hasta que esté dorada y crujiente. Con una espumadera pásela a un plato. Añada a la cazuela el hígado y las mollejas, y fríalo unos 5 minutos, removiendo ocasionalmente, hasta que estén tiernos y ligeramente dorados. Páselos al plato con el beicon.

2 Ponga la cebolla, el apio y el pimiento en la cazuela y fríalos unos 6 minutos, removiendo con frecuencia, hasta que estén blandos. Añada el ajo, el comino y la salsa picante de pimiento y déjelo otros 30 segundos.

3 Incorpore el arroz y rehóguelo hasta que esté trasparente y bien impregnado con la grasa. Agregue el caldo, y sal y pimienta.

4 Vuelva a poner el beicon, los higadillos y las mollejas de pollo en la cazuela, removiendo para mezclarlos con el resto de los ingredientes. Tape la cazuela y déjela a fuego suave 20 minutos hasta que el arroz esté cocido y se haya consumido el líquido.

5 Con la ayuda de un tenedor, incorpore la mitad de la cebolleta y el perejil al arroz, y remueva con suavidad. Sirva el arroz en una fuente caliente, espolvoreado con el resto de las cebolletas.

Moros y cristianos

Para 8-10 personas

INGREDIENTES

450 g de frijoles negros secos

1 cucharada de aceite de oliva o cualquier otro aceite vegetal

225 g de panceta de cerdo cortada en dados, o lonchas gruesas de beicon

1 cebolla grande picada

2 tomates maduros, sin semillas y picados

2 dientes de ajo muy picados

1 cucharadita de comino molido

1/2 cucharadita de guindillas secas

2 hojas de laurel fresco o 1 hoja seca

1-2 cucharadas de azúcar moreno

2 litros de caldo de pollo

175 g de chorizo, cortado en rodajas de 1 cm

900 g de jarrete de cordero

200 g de arroz blanco de grano largo o medio

1-2 cucharadas de zumo de lima

1-2 cucharadas de cilantro fresco picado (opcional)

sal y pimienta

gajos de lima, para decorar

1 Antes de cocinarlos, deje los frijoles en remojo toda una noche. Escúrralos y aclárelos con agua fría. Rehogue la panceta o el beicon en una cazuela con aceite caliente, hasta que haya soltado la grasa y esté dorado.

2 Incorpore la cebolla, el tomate y el ajo, y sofríalo, removiendo, durante unos 10 minutos, hasta que se ablanden. Añada el comino, la guindilla chafada, al gusto, las hojas de laurel y el azúcar.

3 Agregue los frijoles escurridos y el caldo de pollo. Añada el chorizo y después el jarrete de cordero, empujándolos bien hacia el fondo de la cazuela. Póngalo todo a hervir, y retire la espuma que se forma en la superficie. Tape la cazuela parcialmente, reduzca la temperatura y déjela a fuego suave unas 2 horas, hasta que la carne y los frijoles estén tiernos. Retire el jarrete de cordero y déjelo enfriar ligeramente.

4 Mientras tanto, lleve a ebullición una cazuela con agua. Añada una pizca de sal y el arroz, y deje que hierva de nuevo. Baje la temperatura y cuézalo a fuego suave durante unos 20 minutos, hasta que esté tierno. Escúrralo y aclárelo bajo el grifo.

5 Retire la carne del hueso del jarrete de cordero, córtela en trozos y mézclela con los frijoles. Incorpore el arroz cocido, el zumo de lima y la mitad del cilantro. Sazone con sal y pimienta al gusto.

6 Sirva el guiso en una fuente, espolvoreado con el resto de cilantro y adornado con la lima.

Arroz con tomate y salchichas

Para 4 personas

INGREDIENTES

2 cucharadas de aceite vegetal

1 cebolla picada gruesa

1 pimiento rojo, sin la pulpa
   blanca ni las semillas y picado

2 dientes de ajo muy picados

$^1/_2$ cucharadita de tomillo

300 g de arroz blanco de grano
   largo

1 litro de caldo de verduras
   o de pollo

1 lata de 225 g de tomate
   triturado

2 cucharadas de albahaca
   fresca cortada en tiras

175 g de queso cheddar rallado

2 cucharadas de cebollino fresco
   picado

4 salchichas de cerdo a las
   hierbas, cocidas y cortadas
   en trozos de 1 cm

1 hoja de laurel

2-3 cucharadas de queso
   parmesano recién rallado

1 Caliente el aceite en una cazuela refractaria a fuego medio. Añada la cebolla y el pimiento rojo y fríalo unos 5 minutos, removiendo con frecuencia, hasta que estén blandos y hayan cogido un poco de color. Agregue el ajo y el tomillo seco y siga friendo 1 minuto más.

2 Incorpore el arroz, y cuézalo unos 2 minutos, removiendo a menudo, hasta que esté transparente y bien recubierto. Agregue el caldo, el tomate y la hoja de laurel. Cueza 5 minutos, hasta que el caldo casi se haya consumido.

3 Añada la albahaca, el queso cheddar, el cebollino y las salchichas, tápelo e introdúzcalo unos 25 minutos en el horno precalentado a 180 ºC.

4 Espolvoree con el parmesano y gratínelo en el horno 5 minutos. Sirva este plato bien caliente y directamente de la cazuela.

VARIACIÓN

Para una versión vegetariana sustituya las salchichas de cerdo por 400 g de alubias blancas o coloradas, o maíz dulce. También puede probar con una mezcla de champiñones y calabacines salteados.

Arroz con marisco

Para 4-6 personas

INGREDIENTES

4 cucharadas de aceite de oliva

16 gambas grandes, crudas
y peladas, pero con las colas
intactas, si es posible

225 g de calamar o sepia limpio,
cortado en aros de 1 cm

2 pimientos verdes, sin semillas
y cortados en tiras de 1 cm

1 cebolla grande finamente picada

4 dientes de ajo muy picados

2 hojas de laurel fresco, o 1 hoja
seca

1 cucharadita de azafrán

$^1/_2$ cucharadita de guindillas
secas

400 g de arroz *arborio*

225 ml de vino blanco seco

850 ml de caldo de verduras,
de pescado o de pollo

12-16 almejas pequeñas

12-16 mejillones grandes

sal y pimienta

2 cucharadas de perejil fresco
picado, para decorar

SALSA DE PIMIENTO ROJO:

2-3 cucharadas de aceite de oliva

2 cebollas finamente picadas

4-6 dientes de ajo muy picados

4-6 pimientos rojos italianos
asados conservados en aceite,
o frescos y asados, pelados
y picados gruesos

1 lata de 425 g de tomate
triturado en su jugo

1-1$^1/_2$ cucharadita de pimentón
picante y sal

1 Para hacer la salsa de
pimiento rojo, caliente el
aceite en una cazuela y sofría
la cebolla hasta que esté
dorada. Añada el ajo y fríalo
1 minuto. Incorpore el resto
de los ingredientes y déjelos
a fuego suave 10 minutos,
removiendo de vez en
cuando. Bata la mezcla hasta
formar una salsa suave, y
resérvela en un recipiente
donde se mantenga caliente.

2 Saltee las gambas en una
sartén con aceite caliente,
unos 2 minutos. Páselas a un
plato. Saltee el calamar otros
2 minutos, hasta que esté
firme, y añádalo a las gambas.

3 Fría la cebolla y el
pimiento verde en una
cazuela unos 6 minutos, hasta
que se ablanden. Añada el
ajo, las hojas de laurel, el
azafrán y la guindilla, y fría

30 segundos. Incorpore el
arroz y rehogue, removiendo,
hasta que esté recubierto.

4 Agregue el vino y
remueva hasta que se
absorba. Añada el caldo y
salpimente. Lleve a ebullición
y tape la cazuela. Deje a fuego
suave 20 minutos, hasta que
el arroz esté tierno y el líquido
casi se haya consumido.

5 Incorpore las almejas y
los mejillones. Vuelva a
tapar y deje cocer 10 minutos,
hasta que se hayan abierto
las valvas. Añada las gambas
y el calamar. Tape la cazuela y
caliente bien. Esparza perejil
por encima y sirva con la salsa.

Rollitos vietnamitas de papel de arroz

Para unos 20–30 rollitos

INGREDIENTES

225 g de gambas cocidas peladas
225 g de filete de salmón, soasado 1 minuto por lado y cortado en tiras de 5 mm
1 rodaja de atún de 225 g, soasada 1 minuto por lado y cortada en tiras de 5 mm
2 aguacates maduros, pelados, cortados en rodajas y pasados por zumo de lima
6-8 espárragos, escaldados
1 cebolla roja pequeña, cortada en rodajitas
16 cebolletas cortadas en rodajas

12 aceitunas negras en rodajas
14 tomates cereza
un manojo de hojas de cilantro
20-30 láminas de papel de arroz, gajos de lima

SALSA DE VINAGRE PARA MOJAR:
80 ml de vinagre de arroz
2 cucharadas de salsa de pescado tailandesa
2 cucharadas de azúcar lustre
1 diente de ajo finamente picado
2 guindillas rojas, sin semillas y cortadas en rodajitas

2 cucharadas de cilantro fresco picado

SALSA DE SOJA PARA MOJAR:
125 ml de salsa de pescado tailandesa
4-6 cucharadas de zumo de lima
2 cucharadas de salsa de soja japonesa
2-3 cucharadas de azúcar moreno claro
1 trozo de jengibre de 2,5 cm, finamente picado
2-4 dientes de ajo picados

1 Para hacer las salsas, ponga los ingredientes de cada una de ellas en cuencos separados y mézclelos hasta que se disuelvan bien.

2 Disponga separadamente las gambas, el pescado, las verduras y las hojas de cilantro en una bandeja grande, para ser utilizados como distintos rellenos para los rollitos. Cúbralo con plástico de cocina y guárdelo en la nevera.

3 Sumerja las láminas de arroz brevemente en un cuenco con agua caliente, para ablandarlas. Colóquelas sobre paños de cocina limpios para que absorban el exceso de agua, y resérvelas apiladas sobre un plato de servir, cubiertas con un paño humedecido.

4 Invite a los comensales a rellenar sus propios rollitos. Ofrézcales gajos de lima para rociar el relleno con el jugo, y sírvales las salsas por separado.

Hatillos de arroz frito

Para 4 personas

INGREDIENTES

8 láminas grandes de papel de
   arroz, cortadas en redondeles
   de 23 cm
1 clara de huevo ligeramente
   batida
semillas de sésamo para
   espolvorear
salsa de soja (véase pág. 72),
   para servir

ARROZ FRITO:
1-2 cucharadas de aceite vegetal
1 cucharadita de comino
225 g de arroz blanco de grano
   largo o *basmati*, ya cocido
1 cucharada de vinagre de arroz
1 cucharada de salsa de soja
1 cucharadita de salsa de
   guindillas, al gusto

2 cebolletas finamente picadas
115 g de guisantes congelados,
   ya descongelados
2 cucharadas de cilantro fresco
   picado
85 g de jamón cocido o gambas,
   troceados
sal y pimienta

1 Caliente el aceite en una sartén grande de base gruesa. Añada los granos de comino y fríalos, removiendo con frecuencia, 1 minuto, hasta que empiecen a saltar y se abran. Incorpore el arroz y saltee 2-3 minutos.

2 Agregue el vinagre, la salsa de soja y de guindilla, y mézclelo con el arroz. Incorpore la cebolleta, los guisantes, el cilantro y el jamón, y saltéelo 2 minutos hasta calentar bien todos los ingredientes. Salpimente. Retírelo del fuego y déjelo enfriar ligeramente.

3 En un cuenco llano con agua caliente sumerja con rapidez cada lámina de papel de arroz para humedecerla ligeramente. Escúrralas sobre paños de cocina.

4 Coloque el papel de arroz sobre una superficie de trabajo y reparta el relleno equitativamente. Doble los extremos del papel hacia arriba y retuérzalo para formar los hatillos; ate cada uno con un cordel sin apretar. Páselos a una fuente para el horno ligeramente engrasada.

5 Pinte la parte superior y los lados con un poco de clara de huevo y espolvoree con las semillas de sésamo. Hornee unos 15-20 minutos en el horno precalentado a 200 ºC, hasta que se doren. Sírvalos calientes, con la salsa de soja para mojar.

Arroz a la mexicana con guisantes

Para 6-8 personas

INGREDIENTES

400 g de arroz blanco de grano
  largo
1 cebolla grande picada
2-3 dientes de ajo pelados
  y machacados
1 lata de 350 g de tomates pera
3-4 cucharadas de aceite de oliva
1 litro de caldo de pescado

1 cucharada de pasta de tomate
1 chile tipo habanero
  o de alguna variedad picante
175 g de guisantes congelados,
  ya descongelados
4 cucharadas de cilantro fresco
  picado
sal y pimienta

PARA SERVIR:
1 aguacate grande, pelado,
  cortado en rodajas y rociado
  con zumo de lima
gajos de lima
4 cebolletas picadas
1 cucharada de cilantro fresco
  picado

1 Cubra el arroz con agua caliente y déjelo en remojo 15 minutos. Escúrralo bajo el chorro de agua fría.

2 Ponga la cebolla y el ajo en una batidora y prepare un puré suave. Viértalo en un bol pequeño y resérvelo. Bata los tomates hasta que queden hechos puré y cuélelos sobre un bol aparte, presionando bien con una cuchara de madera.

3 Caliente el aceite en una cazuela refractaria a fuego medio. Deje que se fría el arroz 4 minutos, removiendo frecuentemente, hasta que esté dorado y transparente. Añada el puré de cebolla y cueza otros 2 minutos, removiendo con frecuencia. Agregue el caldo y el puré de tomate y póngalo a hervir.

4 Con un alfiler o una aguja, pinche con cuidado por 2 o 3 puntos el chile. Añádalo al arroz, salpimente y baje el fuego al mínimo. Tape la cazuela y cueza unos 25 minutos, hasta que el arroz esté tierno y haya absorbido el caldo. Retire el chile, agregue los guisantes y el cilantro y caliente durante unos 5 minutos.

5 Con un tenedor pase el arroz a un cuenco grande y llano. Coloque las rodajas de aguacate y los gajos de lima por encima. Esparza la cebolleta picada y el cilantro, y sirva el plato caliente.

Fideos tostados

Para 6 personas

INGREDIENTES

350 g de fideos muy finos,
por ejemplo de cabello
de ángel, partidos en
trozos grandes

100 g de arroz blanco de grano
largo

3 cucharadas de aceite de oliva
virgen extra

1 lata de 200 g de tomate
triturado, escurrido

600 ml de caldo de pollo, o
de agua, y un poco más si
fuera necesario

1 hoja de laurel

1-2 cucharaditas de orégano
fresco picado, o 1 cucharadita
de seco

1/2 cucharadita de tomillo
seco

sal y pimienta

1-2 cucharadas de ramitas de
orégano o tomillo fresco
y picado, para adornar

1 Ponga la pasta y el arroz en una cacerola grande de base gruesa o en una cazuela de barro refractaria, a fuego medio, y rehóguelo unos 5-7 minutos, removiendo con frecuencia, hasta que esté dorado. (La pasta se romperá en trozos desiguales, pero no importa.)

2 Añada 2 cucharadas de aceite de oliva junto con el tomate, el caldo, la hoja de laurel, el orégano y el tomillo y sazone al gusto con sal y pimienta.

3 Déle un hervor y luego baje la temperatura a la posición media; deje cocer 8 minutos, removiendo con frecuencia, para que la pasta quede separada.

4 Reduzca la temperatura al mínimo, tápelo y cuézalo 10 minutos, hasta que el arroz y la pasta estén tiernos y hayan consumido todo el líquido. Si estuvieran demasiado duros, añada 120 ml más de caldo o de agua y siga cociendo, con la cazuela tapada, otros 5 minutos. Retire del fuego.

5 Con la ayuda de un tenedor ahueque el arroz y la pasta, y sírvalo en cuencos individuales calientes rociados con el resto de aceite. Espolvoree con orégano y tomillo y sirva en seguida.

Pilaf de arroz rojo con verduras asadas

Para 4-6 personas

INGREDIENTES

125 ml de aceite de oliva
la ralladura y el zumo de
    1 naranja
2 cucharadas de vinagre
    balsámico
2 cucharaditas de semillas de
    cilantro, ligeramente
    machacadas
1 hoja de laurel
$\frac{1}{2}$ cucharadita de guindillas secas
    machacadas, o al gusto

8-10 remolachas pequeñas
    crudas, peladas y cortadas
    por la mitad
250 g de chalotes o cebollitas
6-8 chirivías pequeñas
4-6 zanahorias pequeñas
1 cucharadita de romero fresco
400 g de arroz rojo de la Camarga
850 ml de caldo de pollo caliente
1 cebolla roja
1 zanahoria cortada en juliana

1 puerro, en rodajas de 1 cm
85 g de piñones un poco tostados
1 cucharadita de azúcar moreno
1-2 cucharadas de cilantro fresco
150 g de arándanos secos,
    guindas o pasas
sal y pimienta

PARA SERVIR:
225 ml de crema agria
2 cucharadas de nueces tostadas

1 Mezcle en un cuenco grande unas 4 cucharadas del aceite de oliva, la ralladura y el zumo de naranja, el vinagre, el cilantro, la hoja de laurel y la guindilla. Añada las remolachas, los chalotes, las chirivías y las zanahorias y remueva hasta cubrirlo bien.

2 Páselo todo a una bandeja para asar y métalo en el horno precalentado a 200 °C unos 45-55 minutos, hasta que las verduras estén tiernas, removiendo de vez en cuando. Saque la bandeja del horno, espolvoree con el romero, sal y pimienta, y resérvelo caliente.

3 Hierva el arroz con el caldo caliente en una cazuela grande a fuego medio. Reduzca la temperatura al mínimo, cúbralo y cueza unos 40 minutos. Cuando el arroz esté tierno retírelo del fuego sin destapar la cazuela.

4 Fría en el aceite que sobra la cebolla y la zanahoria en juliana 8-10 minutos, hasta que estén tiernas. Añada el puerro, los piñones, el azúcar moreno y el cilantro, y rehogue 2-3 minutos, hasta que las verduras estén ligeramente caramelizadas. Escurra los arándanos que habrá dejado antes en agua hirviendo 15 minutos, y agréguelos a las verduras, junto con el arroz. Salpimente.

5 Pase el arroz y las verduras a una fuente de servir y vierta por encima la crema agria. Espolvoree con las nueces picadas y sirva de inmediato.

Pastelitos de arroz al curry con tahín

Para 4-6 personas

INGREDIENTES

¹/₂ cucharadita de sal

70 g de arroz *basmati* blanco
  o integral

2 cucharadas de aceite de oliva

1 cebolla roja picada muy fina

2 dientes de ajo

2 cucharadas de curry en polvo

¹/₂ cucharadita de copos de
  guindilla seca

1 pimiento rojo pequeño, sin
  pulpa blanca ni semillas,
  cortado en dados

1 huevo ligeramente batido

115 g de guisantes congelados,
  ya descongelados

1 puerro pequeño, finamente
  picado

1 tomate maduro, sin piel ni
  pepitas y picado

1 bote de 310 g de garbanzos,
  escurridos y enjuagados

85 g de pan rallado blanco

1-2 cucharadas de cilantro
  o menta fresca, picada

aceite vegetal, para freír

sal y pimienta

rodajas de pepino, para adornar

gajos de lima, para servir

ADEREZO:

125 ml de tahín

2 dientes de ajo algo machacados

¹/₂ cucharadita de comino molido,
  al gusto

una pizca de pimienta de Cayena

5 cucharadas de zumo de limón

1 chorrito de aceite de oliva
  virgen extra

unos 125 ml de agua

1 Para hacer el aderezo, bata el tahín con el ajo, el comino, la pimienta de Cayena y el zumo de limón. Añada poco a poco el aceite y el agua hasta obtener un aliño cremoso.

2 Ponga a hervir agua en una cazuela. Añada la sal y el arroz; cueza a fuego suave 15-20 minutos, hasta que el arroz esté tierno. Escúrralo, aclárelo con agua fría.

3 Caliente el aceite de oliva en una sartén grande y fría el ajo y la cebolla. Cuando estén casi blandos, agregue el curry en polvo y la guindilla, y deje 2 minutos. Incorpore el pimiento, los guisantes, el puerro y el tomate y deje cocer a fuego suave durante 7 minutos, hasta que estén tiernos. Reserve.

4 Bata los guisantes en la batidora. Añada la mitad de las verduras y vuelva a batir. Pase la mezcla a un cuenco grande y añada el resto de las verduras, el pan rallado, el cilantro y el huevo. Remueva bien, incorpore el arroz y salpimente. Déjelo 1 hora en la nevera y luego forme 4-6 pastelitos planos.

5 Fría los pastelitos en aceite 6-8 minutos hasta que se doren. Adorne con rodajas de pepino y sirva con el aderezo y los gajos de lima.

Pilaf picante de arroz y patatas

Para 4-6 personas

INGREDIENTES

200 g de arroz *basmati*, dejado 20 minutos en remojo en agua fría
2 cucharadas de aceite vegetal
$^{1}/_{2}$-$^{3}/_{4}$ de cucharadita de semillas de comino
225 g de patatas cortadas en trozos de 1 cm

225 g de guisantes congelados, a temperatura ambiente
1 guindilla verde, sin semillas y cortada en rodajitas (opcional)
$^{1}/_{2}$ cucharadita de sal
$^{1}/_{2}$ cucharadita de cúrcuma en polvo

1 cucharadita de *garam masala*
$^{1}/_{4}$ de cucharadita de pimienta de Cayena
600 ml de agua
2 cucharadas de cilantro fresco picado
1 cebolla roja finamente picada
yogur natural, para servir

1 Deje el arroz remojado bajo el grifo de agua fría, hasta que el agua salga clara, escúrralo y resérvelo.

2 Caliente aceite en una cazuela grande de base gruesa a fuego medio y saltee las semillas de comino unos 10 segundos, hasta que empiecen a saltar y a dorarse.

3 Incorpore las patatas, los guisantes y la guindilla, si la utiliza, y saltee unos 3 minutos, hasta que las patatas estén casi blandas.

4 Añada el arroz y rehóguelo, removiendo con frecuencia. Cuando esté transparente, agregue la sal, la *garam masala*, la cúrcuma y la pimienta de Cayena, y el agua. Llévelo a ebullición, removiendo 1 o 2 veces, cúbralo y cuézalo a fuego suave hasta que el agua casi se haya absorbido y la superficie esté llena de hoyitos. No remueva el arroz.

5 Baje la temperatura al mínimo y, si es posible, eleve la cazuela unos 2,5 cm por encima de la llama, colocándola sobre un aro para el fogón. Tápela y deje otros 10 minutos. Retire del fuego, destape y ponga un paño de cocina limpio o papel absorbente encima; vuelva a tapar. Deje reposar 5 minutos para que la tela o el papel absorba el vapor.

6 Con cuidado, pase el arroz y las patatas con un tenedor a un cuenco caliente, y espolvoree con el cilantro y la cebolla roja picada. Sírvalo caliente, con el yogur aparte.

Pilaf turco de zanahoria

Para 6 personas

INGREDIENTES

4 cucharadas de mantequilla

2 zanahorias ralladas gruesas

1/2 cucharadita de granos de pimienta negra enteros

una pizca de sal

4-6 orejones de albaricoque, remojados y cortados en rodajitas (opcional)

400 g de arroz blanco de grano largo

1 cucharadita de azúcar

700 ml de caldo de pollo

1-2 cucharadas de pistachos picados, para espolvorear (opcional)

1 Derrita la mantequilla en una cazuela grande de base gruesa, a fuego medio. Saltee la zanahoria rallada y los granos de pimienta, con una pizca de sal, removiendo con frecuencia, unos 3 minutos, hasta que la zanahoria esté casi blanda.

2 Añada los orejones, si los utiliza, y espolvoree con el azúcar, removiendo para mezclar. Incorpore el arroz y cueza, removiendo con frecuencia, durante 3 minutos, hasta que el arroz haya quedado recubierto por la mantequilla y esté transparente.

3 Agregue el caldo y llévelo a ebullición. Cubra la cazuela y déjelo a fuego lento 20-25 minutos, hasta que el arroz esté tierno y se haya consumido el caldo. Retire del fuego y destape. Ponga un paño de cocina o una doble capa de papel de cocina sobre el arroz y vuelva a tapar. Deje reposar 10 minutos, para que la tela o el papel absorban el vapor del arroz.

4 Con un tenedor, pase el arroz a una fuente de servir llana y déle la forma de un flan; espolvoree con los pistachos, si los utiliza, y sírvalo caliente.

SUGERENCIA

Si desea una idea alternativa para servir el plato, ponga el pilaf en un molde de corona engrasado, presionando ligeramente para compactarlo. Cubra el molde con un plato de servir invertido y, sujetando ambos con firmeza, vuélquelo, con un movimiento rápido. Con cuidado, retire el molde. Rellene el hueco central del pilaf con los pistachos picados y adórnelo con una ramita de perejil y unas tiras de zanahoria cocida.

Arroz integral al aroma de coco

Para 4–6 personas

INGREDIENTES

350 ml de agua
225 ml de leche de coco
1 cucharadita de sal
200 g de arroz integral de grano
    largo

1 limón
1 rama de canela
unos 15 clavos enteros
1 cucharada de perejil fresco
    picado

virutas de coco fresco
    (opcional)

1 Lleve el agua a ebullición en una cazuela de base gruesa y añada la leche de coco, removiendo bien. Vuelva a llevar a ebullición y agregue la sal y el arroz.

2 Recorte 2-3 tiras de piel de limón y añádalas a la cazuela con la rama de canela y los clavos.

3 Baje la temperatura al mínimo, cubra y deje cocer 45 minutos, hasta que el arroz esté tierno y se haya consumido el líquido. Quite la tapa y cueza a fuego vivo 1 minuto, para que se escape el vapor y el arroz se seque.

4 Retire los clavos, si lo desea, y espolvoree con las hierbas y las virutas de coco, si las utiliza. Páselo con un tenedor a un cuenco y sírvalo.

SUGERENCIA

También puede utilizar esta técnica para cocer arroz blanco, pero el sabor más intenso del arroz integral combina muy bien con el cálido de las especias.

VARIACIONES

Puede sustituir los clavos enteros por una pizca de pimienta de Jamaica molida.

Si prefiere un sabor más genuino del sudeste asiático, utilice 1 guindilla roja, pinchada en 2-3 puntos con una aguja, una hoja de lima ligeramente machacada y 1 trozo de citronela de 7,5 cm majado en lugar de clavos y limón.

Arroz basmati aromático a la naranja

Para 4-6 personas

INGREDIENTES

1-2 cucharadas de mantequilla

3-4 chalotes finamente
picados

200 g de arroz *basmati*

1 trozo de jengibre fresco
de 2,5 cm, pelado

1-2 hojas de laurel frescas,
ligeramente machacadas

1 ramita pequeña
de canela

2 vainas de anís estrellado

la ralladura y el zumo de
1 naranja

1 cucharada de pasas, finamente
picadas

300 ml de caldo ligero de pollo,
o agua

sal y pimienta

hojas de cilantro fresco,
para adornar (opcional)

1 Derrita la mantequilla en una cazuela de base gruesa, a fuego medio. Añada los chalotes y sofríalos durante 2-3 minutos, hasta que empiecen a ablandarse.

2 Incorpore el arroz y rehogue, removiendo frecuentemente, 3 minutos, hasta que esté bien recubierto por la mantequilla y se vea transparente. Con un cuchillo grande y pesado, pique ligeramente el trozo de jengibre. Incorpórelo en la cazuela junto con las hojas de laurel, el anís estrellado y la canela. Agregue la ralladura y el zumo de naranja y las pasas, y remueva.

3 Vierta el caldo y llévelo a ebullición. Salpimente y reduzca la temperatura. Cubra la cazuela y cueza a fuego suave 15-18 minutos, hasta que el arroz esté tierno y el caldo se haya consumido completamente. Retírelo del fuego, destape y coloque un paño de cocina limpio sobre el arroz. Vuelva a taparlo y déjelo reposar durante 20 minutos.

4 Con un tenedor, pase el arroz a un cuenco de servir y retire las hojas de laurel, el anís estrellado y la ramita de canela (o déjelos como decoración). Espolvoree con unas hojas de cilantro, si lo desea, y sírvalo caliente.

Arroz al limón con menta

Para 4 personas

INGREDIENTES

2 cucharadas de aceite de oliva
o mantequilla

2-4 cebolletas finamente picadas

3-4 cucharadas de menta fresca
picada

300 g de arroz blanco de grano
largo

500 ml de caldo de pollo,
preferiblemente casero

1 limón

sal y pimienta

PARA DECORAR:

2-3 ramitas de menta

rodajitas finas de lima y de limón

1 Caliente el aceite o la mantequilla en una cazuela de base gruesa a fuego medio. Añada la cebolleta y la menta, y rehogue, removiendo de vez en cuando, durante1 minuto, hasta que tengan un color vivo y desprendan aroma.

2 Incorpore el arroz y deje que cueza unos 2 minutos, removiendo frecuentemente, hasta que esté bien impregnado del aceite o la mantequilla y empiece a estar transparente. Agregue el caldo de pollo y

espere a que hierva, removiendo 1 o 2 veces. Salpimente al gusto.

3 Recorte 2-3 tiras de piel de limón y añádalas a la cazuela; exprima el zumo y viértalo sobre el arroz.

4 Cuando el caldo esté hirviendo, baje la temperatura y cueza el arroz a fuego lento, bien tapado, unos 20 minutos, hasta que esté tierno y haya absorbido el caldo. Retire la cazuela del fuego y déjelo reposar 5-10 minutos.

5 Pase el arroz a un cuenco de servir, adorne con la menta y las rodajitas de lima y de limón. Sírvalo caliente.

SUGERENCIA

Esta técnica básica para un pilaf de arroz puede utilizarse con otras combinaciones de sabores y hierbas. Lo importante es freír el arroz hasta que esté bien impregnado de aceite, y añadir sólo el agua que sea capaz de absorber.

Relleno de arroz afrutado

Para 4 personas

INGREDIENTES

4 picantones frescos
4-6 cucharadas de mantequilla

RELLENO:
225 ml de vino de Oporto
125 g de pasas
115 g de orejones de albaricoque
cortados en rodajas
2-3 cucharadas de aceite de oliva
1 cebolla finamente picada

1 tallo de apio, en rodajas finas
2 dientes de ajo muy picados
1 cucharadita de canela en polvo
1 cucharadita de orégano seco
1 cucharadita de menta o
albahaca seca
$\frac{1}{2}$ cucharadita de pimienta de
Jamaica o $\frac{1}{4}$ de cucharadita
de clavo molido
225 g de castañas sin endulzar

200 g de arroz blanco de grano
largo cocido
la ralladura y el zumo de
2 naranjas
350 ml de caldo de pollo
50 g de picadura de nuez tostada
2 cucharadas de menta fresca
2 cucharadas de perejil fresco
picado
sal y pimienta

1 Para hacer el relleno, ponga las pasas y los orejones a remojar en el vino de Oporto unos 15 minutos.

2 Caliente el aceite en una cazuela de base gruesa y fría la cebolla y el apio unos 3-4 minutos. Añada el ajo, todas las especias y las castañas, y remuévalo durante unos 4 minutos. Incorpore el arroz y la mitad de la ralladura y del zumo de naranja, y a continuación el

caldo. Déjelo a fuego suave 5 minutos, hasta que la mayor parte del líquido haya sido absorbido.

3 Escurra las pasas y los orejones, reserve el vino y añada las frutas al arroz, junto con las nueces, la menta y el perejil; cuézalo durante 2 minutos más. Salpimente y retírelo del fuego.

4 Frote los picantones por dentro y por fuera con sal y pimienta. Rellene el interior

de cada ave, sin apretar demasiado. Ate las patas de los picantones y meta la cola hacia dentro. Haga unas bolitas con el relleno sobrante.

5 Coloque los picantones en una bandeja de asar con las bolitas de relleno y unte con la mantequilla derretida. Reserve un poco de mantequilla para untar con ella el borde de la bandeja. Vierta el resto del zumo de naranja, la ralladura y el Oporto reservado.

6 Áselo unos 45 minutos en el horno precalentado a 180 ºC; rocíe varias veces con el jugo. Páselo a una fuente, cubra con papel de aluminio y déjelo reposar 5 minutos. Sírvalo en su jugo.

Relleno de arroz variado con setas

Suficiente para rellenar 1 pollo grande o 1 pavo pequeño

INGREDIENTES

4 cucharadas de mantequilla
o aceite

6 chalotes finamente picados

175 g de arroz salvaje

600 ml de caldo de pollo

$^1/_2$ cucharadita de tomillo seco
o 2-3 ramitas de fresco

1 hoja de laurel

200 g de arroz blanco de grano
largo

60 g de setas secas

225 g de champiñones frescos,
cortados en láminas

2 dientes de ajo muy picados

3-4 cucharadas de vino
de Madeira

85 g de nueces tostadas

3-4 cucharadas de perejil fresco

2 cucharadas de cebollino fresco
picado

sal y pimienta

1 Caliente la mitad de la mantequilla o el aceite en una cazuela grande. Sofría la mitad de los chalotes hasta que se ablanden. Agregue el arroz salvaje, 350 ml de caldo de pollo, la hoja de laurel y el tomillo, y llévelo a ebullición. Cubra la cazuela y cuézalo a fuego suave unos 20 minutos, hasta que el caldo se haya consumido. El arroz no estará cocido del todo.

2 Incorpore el arroz blanco y el resto del caldo, y salpimente. Llévelo de nuevo a ebullición, removiendo

1 o 2 veces. A continuación, cúbralo y déjelo cocer a fuego lento 20-25 minutos, hasta que no quede caldo y todo el arroz esté tierno. No destape la cazuela, retírela del fuego y deje que repose unos 10-15 minutos.

3 Mientras, deje las setas secas en remojo en agua hirviendo unos 30 minutos. Luego, escúrralas, séquelas con papel de cocina y córtelas en láminas muy delgadas.

4 Caliente el resto de la mantequilla o el aceite en

una sartén grande, y fría el resto de los chalotes 3 minutos. Añada las setas, los champiñones, el ajo y el vino de Madeira, y saltee durante 3-4 minutos, removiendo, hasta que estén dorados y no quede líquido. Pase la mezcla a un cuenco grande.

5 Con un tenedor, pase el arroz al cuenco con las setas, añada las nueces ligeramente picadas, el perejil y el cebollino, y salpimente al gusto; remuévalo todo bien. Deje que se enfríe antes de utilizarlo como relleno.

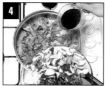

Risottos

Uno de los grandes logros gastronómicos de la cocina italiana es el risotto, elaborado con un arroz especial para crear un plato deliciosamente cremoso. Es sorprendentemente fácil de hacer, pero requiere un poco de paciencia, porque la cocción es lenta y no se puede dejar de remover. Siempre y cuando utilice el tipo de arroz adecuado y un buen caldo casero, y se tome su tiempo, no tendrá problema alguno para preparar un risotto perfecto.

Las recetas de este capítulo ilustran la versatilidad del risotto. Encontrará algo para cada ocasión: el sencillo con queso parmesano es la receta básica y más fácil; el risotto con espárragos o setas silvestres dará un toque de alegría a la comida de cualquier día de la semana, mientras que el sofisticado risotto al champán y los interesantes risotto negro y risotto al hinojo con vodka, serán platos memorables para una cena con invitados. El aderezado con tomates secados al sol y queso italiano, y el risotto a la menta con hierbas, son platos ideales para reuniones familiares.

Para variar del risotto clásico, pruebe la fantástica tarta de risotto con espinacas y cobertura de queso, o unas pequeñas arrancini, las irresistibles bolitas fritas. También encontrará un sabroso risotto horneado, con panceta y setas.

Risotto sencillo con queso parmesano

Para 4–6 personas

INGREDIENTES

4-5 cucharadas de mantequilla sin sal
1 cebolla finamente picada
300 g de arroz *arborio* o *carnaroli*

125 ml de vermut blanco seco o vino blanco
1,2 litros de caldo de pollo o de verduras, caliente

85 g de queso parmesano recién rallado, y un poco más para espolvorear
sal y pimienta

1 En una cazuela grande de base gruesa, caliente unas 2 cucharadas de mantequilla a fuego medio. Fría la cebolla unos 2 minutos, hasta que empiece a ablandarse. Añada el arroz, removiendo de vez en cuando, y rehóguelo durante 2 minutos, hasta que esté transparente y bien impregnado de mantequilla.

2 Agregue el vermut: formará burbujas y se evaporará casi al instante. Añada un cucharón (unos 225 ml) de caldo caliente y deje cocer el arroz, sin dejar de removerlo hasta que haya absorbido el caldo.

3 Siga añadiendo caldo, medio cucharón cada vez, y deje que el arroz lo absorba antes de añadir el siguiente, pero sin dejar que llegue a secarse. El proceso debería tardar 20-25 minutos, y el *risotto*, acabar teniendo una consistencia cremosa, con los granos tiernos pero no demasiado blandos.

4 Retire la cazuela del fuego y añada el resto de la mantequilla y el parmesano. Condimente con sal y un poco de pimienta, al gusto. Tápelo y déjelo reposar durante 1 minuto. Sírvalo de inmediato, con el parmesano extra para espolvorear.

SUGERENCIA

Si prefiere no utilizar mantequilla, rehogue la cebolla con 2 cucharadas de aceite de oliva y agregue unas 2 cucharadas de aceite de oliva extra virgen con el parmesano al final.

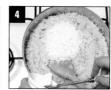

Risotto con espárragos

Para 6 personas

INGREDIENTES

900 g de espárragos frescos,
    lavados
2 cucharadas de aceite de girasol
    u otra variedad vegetal
6 cucharadas de mantequilla
    sin sal

2 chalotes o 1 cebolla pequeña,
    finamente picados
400 g de arroz *arborio*
    o *carnaroli*
1,5 litros de caldo de pollo
    o de verduras, caliente

85 g de queso parmesano recién
    rallado
sal y pimienta
virutas de parmesano, para
    adornar (opcional)

1 Pele ligeramente los tallos de los espárragos; córtelos y descarte la parte leñosa. Separe las puntas y resérvelas. Parta el resto del tallo en trozos de 2,5 cm.

2 Hierva los tallos de espárrago en una cazuela durante 2 minutos. Incorpore las puntas y hiérvalo todo 1 minuto más, hasta que estén tiernos pero no blandos; no los cueza en exceso. Enjuáguelos con agua fría y resérvelos.

3 Caliente el aceite con la mitad de la mantequilla

en una cazuela grande de base gruesa. Fría los chalotes a fuego suave unos 2 minutos, hasta que empiecen a ablandarse. Añada el arroz y rehóguelo 2 minutos hasta que esté transparente, removiendo a menudo.

4 Añada un cucharón (unos 225 ml) de caldo caliente; formará burbujas y vapor rápidamente. Cueza el arroz en el caldo removiendo constantemente, hasta que lo haya absorbido del todo.

5 Siga añadiendo caldo, medio cucharón cada vez,

y deje que el arroz lo absorba antes de añadir el siguiente, sin dejar que llegue a secarse. El proceso tardará unos 20-25 minutos. El *risotto* debería tener una consistencia cremosa, y los granos, estar tiernos pero no demasiado blandos.

6 Caliente las puntas de los espárragos con el caldo. Añada los tallos al *risotto* con el último cucharón de caldo, el resto de la mantequilla y el parmesano. Retírelo del fuego e incorpore las puntas. Salpimente. Puede servirlo con virutas de parmesano.

Risotto al limón con guisantes y menta

Para 4–6 personas

INGREDIENTES

1,5 litros de caldo de pollo
4–5 ramitas de menta fresca
2 cucharadas de aceite de oliva
virgen extra
6 cucharadas de mantequilla
sin sal

2–3 chalotes grandes, finamente
picados
300 g de arroz *arborio* o *carnaroli*
la ralladura y el zumo de 1 limón
grande, cuya piel no haya sido
encerada

175 g guisantes frescos pelados,
ligeramente cocidos
60 g de queso parmesano fresco,
rallado
sal y pimienta
gajos de limón, para adornar

1 Lleve el caldo a ebullición en una cazuela grande. Saque las hojas de las ramitas de menta y resérvelas; con cuidado, machaque los tallos y añádalos al caldo. Baje la temperatura y manténgalo a fuego lento.

2 Caliente el aceite con la mitad de la mantequilla en una cazuela grande de base gruesa. Fría los chalotes a unos 2 minutos, hasta que estén tiernos. Añada el arroz y rehóguelo unos 2 minutos, removiendo frecuentemente, hasta que esté transparente y bien recubierto.

3 Retire los tallos de menta y añada un cucharón (unos 225 ml) de caldo caliente; formará burbujas y vapor rápidamente. Cueza el arroz en el caldo removiendo constantemente, hasta que lo haya absorbido del todo.

4 Siga añadiendo caldo, medio cucharón cada vez, y deje que el arroz lo absorba antes de añadir el siguiente, pero sin dejar que llegue a secarse. El proceso de cocción debería tardar unos 20-25 minutos, y el *risotto*, acabar teniendo una consistencia cremosa, con los granos tiernos pero no demasiado blandos.

5 Añada la ralladura y el zumo de limón junto con los guisantes. Déjelos hasta que estén bien calientes, y agregue un poco más de caldo o de agua si el *risotto* estuviera quedando demasiado espeso. Retire la cazuela del fuego y añada el parmesano y el resto de la mantequilla. Salpimente al gusto.

6 Pique las hojas de menta reservadas y añádalas al *risotto*. Sírvalo directamente con los gajos de limón.

Risotto verde a la menta con hierbas

Para 6 personas

INGREDIENTES

2 cucharadas de mantequilla
sin sal

450 g de guisantes frescos
pelados, o congelados,
a temperatura ambiente

1 kg de hojas de espinacas
tiernas, lavadas y escurridas

1 manojo de menta fresca, las
hojas separadas de los tallos

2 cucharadas de albahaca fresca
picada

2 cucharadas de orégano fresco
picado

un pellizco de nuez moscada

4 cucharadas de mascarpone
o nata líquida espesa

2 cucharadas de aceite vegetal

1 cebolla finamente picada

4 tallos de apio, con sus hojas,
finamente picados

2 dientes de ajo finamente picados

$^1/_2$ cucharadita de tomillo seco

300 g de arroz *arborio* o *carnaroli*

50 ml de vermut blanco seco

1 litro de caldo de pollo o de
verduras, caliente

85 g de queso parmesano rallado

1 Caliente la mantequilla en una sartén honda a fuego medio hasta que chisporrotee. Añada los guisantes, las espinacas, las hojas de menta, la albahaca y el orégano, y sazónelo con la nuez moscada. Rehóguelo unos 3 minutos, removiendo con frecuencia, hasta que las hojas de espinaca y de menta se hayan ablandado. Déjelo enfriar ligeramente.

2 Con la batidora, bata la mezcla 15 segundos.

Añada el mascarpone y bata de nuevo 1 minuto. Viértala en un cuenco y resérvela.

3 Caliente el aceite y el resto de la mantequilla en una cazuela grande de base gruesa, a fuego medio. Añada la cebolla, el apio, el ajo y el tomillo, y fríalos 2 minutos, hasta que empiecen a ablandarse. Añada el arroz y rehóguelo unos 2 minutos, removiendo varias veces, hasta que esté transparente y bien recubierto.

4 Añada el vermut al arroz; formará rápidamente burbujas y vapor. Cuando haya sido absorbido casi del todo, añada un cucharón (unos 225 ml) de caldo caliente. Cuézalo, sin dejar de remover, hasta que haya absorbido totalmente el caldo.

5 Siga añadiendo caldo, medio cucharón cada vez, y deje que el arroz lo absorba antes de añadir el siguiente, sin que llegue a secarse. El proceso debería tardar unos 20-25 minutos, y el *risoto* acabar teniendo una consistencia cremosa, con los granos tiernos pero no demasiado blandos. Añada la mezcla de espinacas y el parmesano, y sírvalo caliente.

Risotto al hinojo con vodka

Para 4-6 personas

INGREDIENTES

2 bulbos grandes de hinojo

2 cucharadas de aceite vegetal

6 cucharadas de mantequilla
sin sal

1 cebolla grande finamente
picada

350 g de arroz *arborio* o *carnaroli*

150 ml de vodka (o vodka con
sabor a limón, si lo puede
encontrar)

1,3 litros de caldo ligero de pollo
o de verduras, caliente

60 g de queso parmesano recién
rallado

5-6 cucharadas de zumo
de limón

sal y pimienta

1 Corte los tallos del hinojo y resérvelos para adornar, si lo desea. Parta los bulbos por la mitad a lo largo y retire el corazón en forma de V; píquelo grueso. (Puede añadir los recortes de hinojo al caldo para darle más sabor.)

2 Caliente el aceite y la mitad de la mantequilla en una cazuela grande de base gruesa a fuego medio. Añada la cebolla y el hinojo y sofríalos unos 2 minutos, hasta que se hayan ablandado. Incorpore el arroz y rehogue 2 minutos, removiendo varias veces, hasta que esté transparente y bien impregnado de mantequilla.

3 Agregue el vodka: formará burbujas y soltará vapor, y se evaporará casi al instante. Añada un cucharón (unos 225 ml) de caldo caliente y cuézalo, removiendo constantemente, hasta que el arroz haya absorbido el caldo.

4 Siga añadiendo caldo, medio cucharón cada vez, y deje que el arroz lo absorba antes de añadir el siguiente, sin dejar que llegue a secarse. El proceso de cocción debería tardar unos 20-25 minutos, y el *risotto*, acabar teniendo una consistencia cremosa, con los granos tiernos pero no demasiado blandos.

5 Añada el resto de la mantequilla con el parmesano y el zumo de limón. Retírelo del fuego, y déjelo reposar tapado durante 1 minuto. Sirva el plato de inmediato, adornado con algunos tallos de hinojo, si lo desea.

Risotto con alubias blancas

Para 6-8 personas

INGREDIENTES

300 g de alubias blancas, dejadas en remojo y cocidas según las instrucciones del paquete

2-3 cucharadas de aceite de oliva

1 cebolla roja (o blanca dulce), finamente picada

3-4 tallos de apio, finamente picado

115 g de panceta o lonchas gruesas de beicon ahumado

2-3 dientes de ajo picados

³/₄ de cucharadita de orégano seco o 1 cucharadita de fresco picado

400 g de arroz *arborio* o *carnaroli*

1 litro de caldo de pollo, caliente

4 cucharadas de mantequilla sin sal, a temperatura ambiente

115 g de queso parmesano recién rallado

sal y pimienta

1 Triture la mitad de las alubias, o páselas por el pasapurés, y resérvelas.

2 Caliente el aceite de oliva en una cazuela grande de base gruesa a fuego medio. Añada la cebolla y el apio y fríalos unos 2 minutos, hasta que se hayan ablandado. Incorpore la panceta, el ajo y el orégano y rehogue durante 1-2 minutos, removiendo de vez en cuando. Agregue el arroz y rehóguelo, removiendo con frecuencia, unos 2 minutos, hasta que

esté transparente y bien recubierto con el aceite.

3 Añada un cucharón (unos 225 ml) de caldo caliente y cueza el arroz removiendo constantemente, hasta que lo haya absorbido.

4 Siga añadiendo caldo, medio cucharón cada vez, y deje que el arroz lo absorba antes de añadir el siguiente, sin dejar que llegue a secarse. El proceso de cocción debería tardar unos 20-25 minutos, y el *risotto*, acabar teniendo una

consistencia cremosa, con los granos tiernos pero no demasiado blandos.

5 Añada las alubias enteras y el puré, salpimente y caliéntelo todo bien. Añada un poco más de caldo si fuera necesario.

6 Retire el *risotto* del fuego y añada la mantequilla y la mitad del parmesano. Tápelo y déjelo reposar durante 1 minuto. Sírvalo espolvoreado con el resto del parmesano.

Risotto al champán

Para 4-6 personas

INGREDIENTES

2 cucharadas de aceite
vegetal
115 g de mantequilla sin sal
2 chalotes finamente picados
300 g de arroz *arborio*
o *carnaroli*

unos 600 ml de champán o vino
espumoso blanco seco
700 ml de caldo ligero de pollo,
caliente
60 g de queso parmesano recién
rallado

sal y pimienta
4-6 gambas grandes cocidas,
para adornar (opcional)

1 Caliente el aceite y la mitad de la mantequilla en una cazuela grande de base gruesa a fuego medio. Fría los chalotes unos 2 minutos, hasta que se hayan ablandado. Añada el arroz y rehóguelo unos 2 minutos, removiendo frecuentemente, hasta que esté transparente y bien recubierto con la mantequilla, (véase sugerencia).

2 Vierta la mitad del champán: formará burbujas y vapor casi inmediatamente. Cueza el arroz, sin dejar de remover, hasta que todo el líquido haya sido absorbido. Añada un cucharón (unos 225 ml) de caldo caliente a la cazuela y deje cocer el arroz, removiendo constantemente, hasta que haya absorbido el líquido.

3 Siga añadiendo caldo, medio cucharón cada vez, y deje que el arroz lo absorba antes de añadir el siguiente, sin dejar que llegue a secarse. El proceso de cocción debería tardar unos 20-25 minutos, y el *risotto*, acabar teniendo una consistencia cremosa, con los granos tiernos pero no demasiado blandos.

4 Agregue el resto del champán y cueza el arroz 2-3 minutos más. Retire la cazuela del fuego y añada el resto de la mantequilla y del parmesano. Salpimente.

5 Sirva el *risotto* caliente en cuencos individuales y adórnelos con una gamba.

SUGERENCIA

Es importante calentar y recubrir el arroz en este punto, porque ello ayudará a dar al plato su textura cremosa.

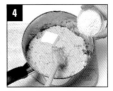

Risotto con setas silvestres

Para 6 personas

INGREDIENTES

60 g de setas secas, tipo *porcini* o *morel*

unos 500 g de setas silvestres variadas, limpias y partidas por la mitad si son grandes

4 cucharadas de aceite de oliva

3-4 dientes de ajo finamente picados

4 cucharadas de mantequilla sin sal

1 cebolla finamente picada

350 g de arroz *arborio* o *carnaroli*

50 ml de vermut blanco seco

1,2 litros de caldo de pollo, caliente

115 g de queso parmesano recién rallado

4 cucharadas de perejil fresco picado

sal y pimienta

1 Ponga en remojo las setas secas con agua hirviendo durante 30 minutos. Retírelas con cuidado y séquelas con papel de cocina. Cuele el líquido del remojo con un colador forrado con papel de cocina, y resérvelo.

2 Corte los tallos de las setas variadas y límpielas con un cepillo.

3 Caliente 3 cucharadas de aceite en una sartén grande y saltee las setas durante 1-2 minutos. Añada el ajo y las setas remojadas y saltéelo durante 2 minutos, removiendo con frecuencia. Resérvelo en un plato.

4 Caliente el resto del aceite y la mitad de la mantequilla en una cazuela grande de base gruesa. Fría la cebolla unos 2 minutos, hasta que se ablande. Añada el arroz y rehóguelo unos 2 minutos, hasta que esté transparente y bien impregnado.

5 Añada el vermut al arroz. Cuando se haya consumido casi del todo, añada un cucharón (unos 225 ml) de caldo caliente a la cazuela y deje cocer el arroz, sin dejar de removerlo, hasta que haya absorbido el líquido.

6 Siga añadiendo caldo, medio cucharón cada vez, y deje que el arroz lo absorba antes de añadir el siguiente, sin dejar que llegue a secarse. El proceso de cocción debería tardar unos 20-25 minutos, y el *risotto*, acabar teniendo una consistencia cremosa, con los granos tiernos pero no demasiado blandos.

7 Agregue la mitad del líquido del remojo de las setas. Añada sal y pimienta y más líquido si fuera necesario. Retire la cazuela del fuego y añada el parmesano, el resto de la mantequilla y el perejil.

Risotto de primavera

Para 6–8 personas

INGREDIENTES

225 g de espárragos frescos y delgados, bien lavados

4 cucharadas de aceite de oliva

175 g de judías verdes tiernas, cortadas en trozos de 2,5 cm

175 g de calabacines tiernos, cuarteados y cortados en trozos de 2,5 cm

225 g de guisantes frescos pelados

1 cebolla finamente picada

1-2 dientes de ajo finamente picados

350 g de *arroz arborio* o *carnaroli*

1,5 litros de caldo de pollo, caliente, más 2 cucharadas extra

4 cebolletas cortadas en trozos de 2,5 cm

4 cucharadas de mantequilla sin sal

115 g de queso parmesano recién rallado

2 cucharadas de cebollino fresco picado

2 cucharadas de albahaca fresca cortada en tiras finas

sal y pimienta

1 Deseche los extremos leñosos de los espárragos y separe las puntas; resérvelas. Corte los tallos en trozos de 2,5 cm y resérvelos.

2 Saltee los espárragos, los calabacines, las judías y los guisantes en una sartén con aceite caliente, durante 3-4 minutos, hasta que tengan un color vivo y empiecen a ablandarse. Resérvelos.

3 Caliente el resto del aceite de oliva en una cazuela grande de base gruesa a fuego medio. Fría la cebolla 1 minuto, hasta que se ablande. Añada el ajo y déjelo otros 30 segundos. Incorpore el arroz y rehóguelo durante 2 minutos, removiendo frecuentemente, hasta que esté transparente y bien impregnado de aceite.

4 Añada un cucharón (unos 225 ml) de caldo caliente. Deje cocer el arroz, removiéndolo, hasta que haya absorbido el caldo.

5 Siga añadiendo caldo, medio cucharón cada vez, y deje que el arroz lo absorba antes de añadir el siguiente, sin dejar que llegue a secarse. El proceso de cocción debería tardar unos 20-25 minutos, y el *risotto*, acabar teniendo una consistencia cremosa, con los granos tiernos pero no demasiado blandos.

6 Incorpore las verduras salteadas y la cebolleta, con un poco más de caldo. Déjelo cocer todo 2 minutos. Salpimente al gusto. Añada la mantequilla, el parmesano, el cebollino y la albahaca. Retire la cazuela del fuego, tápela y deje reposar el arroz durante 1 minuto. Adorne con la cebolleta, si lo desea, y sirva el plato directamente.

Risotto con calabaza asada

Para 6 personas

INGREDIENTES

4 cucharadas de aceite
de oliva

4 cucharadas de mantequilla
sin sal, cortada en trocitos

450 g de calabaza, cortada
en dados de 1 cm

¾ de cucharadita de salvia algo
machacada

2 dientes de ajo finamente
picados

2 cucharadas de zumo de limón

2 chalotes grandes finamente
picados

350 g de arroz *arborio*
o *carnaroli*

50 ml de vermut blanco seco

1,2 litros de caldo de pollo,
caliente

60 g de queso parmesano recién
rallado

300 g de queso dolcelatte,
cortado en dados pequeños

sal y pimienta

hojas de apio, para adornar

1 Ponga la mitad del aceite de oliva y 1 cucharada de mantequilla en una bandeja de asar y caliente en el horno precalentado a 200 °C.

2 Coloque la calabaza en la bandeja y espolvoréela con la salvia, la mitad del ajo, la sal y la pimienta. Mézclelo todo bien y áselo 10 minutos, hasta que haya empezado a ablandarse y a caramelizarse la calabaza. Pásela a un plato.

3 Triture no muy fina la mitad de la calabaza

cocida con el zumo de limón, y resérvela junto con el resto de los dados de calabaza.

4 Caliente el resto del aceite y 1 cucharada de mantequilla en una cazuela grande de base gruesa a fuego medio. Fría los chalotes y el resto del ajo 1 minuto. Añada el arroz y rehóguelo durante 2 minutos, hasta que esté transparente.

5 Vierta el vermut: formará burbujas y vapor casi inmediatamente. Añada un

cucharón (unos 225 ml) de caldo caliente a la cazuela y déjelo cocer, removiendo constantemente, hasta que haya absorbido el caldo.

6 Siga añadiendo caldo, medio cucharón cada vez, y deje que el arroz lo absorba antes de añadir el siguiente, sin que llegue a secarse. El proceso de cocción debería tardar unos 20-25 minutos, y el *risotto*, acabar teniendo una consistencia cremosa, con los granos tiernos pero no demasiado blandos.

7 Junte toda la calabaza con el *risotto*, el resto de la mantequilla y el parmesano. Retire la cazuela del fuego y añada el dolcelatte. Sírvalo caliente, adornado con las hojas de apio.

Risotto con trufas

Para 6 personas

INGREDIENTES

2 puerros

115 g de mantequilla sin sal

300 g de arroz *arborio* o *carnaroli*

1,2 litros de caldo de pollo,
caliente

50 ml de vermut seco blanco
o vino blanco

125 ml de nata líquida espesa

nuez moscada recién rallada

115 g de queso parmesano recién
rallado

115-175 g de trufas negras
frescas, limpiadas con
un cepillo

50-80 ml de aceite de trufas
(opcional)

sal y $^1/_4$-$^1/_2$ cucharadita de
pimienta blanca molida

1 Corte los puerros a lo largo por la mitad, y después en tiras finas.

2 Caliente la mitad de la mantequilla en una cazuela grande de base gruesa, a fuego medio. Rehogue el puerro 1 minuto. Añada el arroz y rehóguelo hasta que esté transparente y bien recubierto con la mantequilla.

3 Añada un cucharón (unos 225 ml) de caldo caliente a la cazuela: inmediatamente formará burbujas y vapor. Deje cocer el arroz, removiéndolo, hasta que haya absorbido el caldo.

4 Siga añadiendo caldo, medio cucharón cada vez, y deje que el arroz lo absorba antes de añadir el siguiente, sin dejar que llegue a secarse. El proceso debería tardar 20-25 minutos, y el *risotto*, tener una consistencia cremosa, con los granos tiernos pero no blandos.

5 Justo antes del final de la cocción, añada el vermut y la nata líquida. Sazone con un poco de nuez moscada, la sal y la pimienta blanca. Siga cociéndolo 3-4 minutos más, hasta que haya absorbido el líquido. Retire la cazuela del fuego y añada el resto de la mantequilla y el parmesano.

6 Sirva el *risotto* en platos individuales y ponga en cada uno unas virutas de trufa. Puede rociarlo con un poco de aceite de trufa.

Risotto con remolacha, guindas y vino tinto

Para 4–6 personas

INGREDIENTES

175 g de guindas secas
o arándanos secos

225 ml de vino tinto afrutado,
como por ejemplo valpolicella

3 cucharadas de aceite de oliva

1 cebolla roja grande, finamente
picada

2 tallos de apio finamente picados

½ cucharadita de tomillo seco

1 diente de ajo finamente picado

350 g de arroz *arborio* o *carnaroli*

1,2 litros de caldo de pollo o de
verduras, caliente

4 remolachas cocidas (sin
vinagre), cortadas en dados

sal y pimienta

2 cucharadas de eneldo fresco
picado

2 cucharadas de cebollino
fresco recortado

60 g de queso parmesano recién
rallado, para servir (opcional)

1 Ponga las guindas en una cazuela con el vino y llévelas a ebullición. Después, déjelas a fuego lento durante 2-3 minutos, hasta que se hayan reducido ligeramente. Retírelas y resérvelas.

2 Caliente el aceite en una cazuela grande de base gruesa, a fuego medio. Añada la cebolla, el apio y el tomillo, y rehóguelos unos 2 minutos, hasta que se ablanden un poco. Añada el ajo y el arroz, y sofría, removiendo varias veces, hasta que esté transparente y bien impregnado de aceite.

3 Añada un cucharón (unos 225 ml) de caldo caliente: formará burbujas y vapor casi inmediatamente. Cueza el arroz, removiendo constantemente, hasta que el caldo haya sido absorbido.

4 Siga añadiendo caldo, medio cucharón cada vez, y deje que el arroz lo absorba antes de añadir el siguiente, sin dejar que llegue a secarse. El proceso de cocción debería tardar 20-25 minutos, y el *risotto*, acabar teniendo una consistencia cremosa, con los granos tiernos pero no demasiado blandos.

5 A media cocción, retire las guindas del vino con una espumadera y añádalas al *risotto*, con la remolacha y la mitad del vino. Siga agregando el caldo y el resto del vino.

6 Añada el eneldo y el cebollino y salpimente si fuera necesario. Sírvalo con el parmesano si lo desea.

Risotto de calabacín y albahaca

Para 4-6 personas

INGREDIENTES

4 cucharadas de aceite de oliva virgen extra con sabor a albahaca, y un poco más para rociar

4 calabacines cortados en dados

1 pimiento amarillo, sin la pulpa blanca ni semillas y cortado en dados

2 dientes de ajo finamente picados

1 cebolla grande finamente picada

400 g de arroz *arborio* o *carnaroli*

80 ml de vermut blanco seco

1,5 litros de caldo de pollo o de verduras, caliente

2 cucharadas de mantequilla sin sal, a temperatura ambiente

1 puñado grande de hojas de albahaca rotas, y unas cuantas más para adornar

85 g de queso parmesano recién rallado

1 Caliente el aceite en una sartén grande a fuego vivo. Cuando esté muy caliente, pero sin que llegue a humear, añada el calabacín y el pimiento amarillo, y saltéelos 3 minutos, hasta que estén ligeramente dorados. Añada el ajo y déjelo otros 30 segundos más. Resérvelo en un plato.

2 Caliente el resto del aceite en una cazuela grande de base gruesa, a fuego medio. Agregue la cebolla picada y fríala durante unos 2 minutos, hasta que se haya ablandado. Añada el arroz y rehóguelo 2 minutos, hasta que esté transparente y bien impregnado de aceite.

3 Vierta el vermut: formará burbujas y vapor y se evaporará casi al instante. Añada un cucharón (unos 225 ml) de caldo caliente y déjelo cocer, removiendo constantemente, hasta que se haya absorbido el líquido.

4 Siga añadiendo caldo, medio cucharón cada vez, y deje que el arroz lo absorba antes de añadir el siguiente, sin dejar que llegue a secarse. El proceso debería tardar 20-25 minutos, y el *risotto* acabar teniendo una consistencia cremosa, con los granos tiernos pero no demasiado blandos.

5 Agregue el sofrito de calabacín, con su jugo, la mantequilla, la albahaca y el parmesano. Rocíe el arroz con un poco de aceite y adórnelo con albahaca antes de servirlo, caliente.

Risotto de ruqueta y tomate con mozzarella

Para 4–6 personas

INGREDIENTES

2 cucharadas de aceite de oliva

25 g de mantequilla sin sal

1 cebolla grande finamente picada

2 dientes de ajo finamente picados

350 g de arroz *arborio* o *carnaroli*

120 ml de vermut blanco seco (opcional)

1,5 litros de caldo de pollo o de verduras, caliente

6 tomates pera o madurados en la mata, sin semillas y picados

125 g de ruqueta silvestre

un puñado de hojas de albahaca fresca

115 g de queso parmesano rallado

225 g de mozzarella italiana de leche de búfala, rallada gruesa o cortada en dados

sal y pimienta

1 Caliente el aceite y la mitad de la mantequilla en una sartén grande. Fría la cebolla unos 2 minutos, hasta que empiece a ablandarse. Añada el ajo y el arroz, y rehóguelos, removiendo frecuentemente, hasta que el arroz esté transparente.

2 Vierta el vermut blanco, si lo utiliza: formará burbujas y se evaporará casi inmediatamente. Añada un cucharón (unos 225 ml) de caldo caliente y cueza el arroz, sin dejar de removerlo hasta que haya absorbido el líquido.

3 Siga añadiendo caldo, medio cucharón cada vez, y deje que el arroz lo absorba antes de añadir el siguiente, sin dejar que llegue a secarse.

4 Justo antes de que el arroz esté tierno, añada el tomate picado y la ruqueta. Corte las hojas de albahaca en tiras e incorpórelas

inmediatamente. Siga cociendo el arroz, añadiendo más caldo, hasta que el *risotto* tenga consistencia cremosa y los granos de arroz estén tiernos, pero no demasiado blandos.

5 Retire la cazuela del fuego y añada el resto de la mantequilla, el parmesano y la mozzarella. Salpimente al gusto. Tápelo y déjelo reposar 1 minuto. Sírvalo antes de que la mozzarella se derrita del todo.

Risotto con tomates secos y pecorino

Para 6 personas

INGREDIENTES

unos 12 tomates secados al sol, que no estén conservados en aceite	4-6 dientes de ajo, finamente picados	115 g de queso pecorino maduro, rallado
2 cucharadas de aceite de oliva	400 g de arroz *arborio* o *carnaroli*	aceite de oliva virgen extra, para rociar
1 cebolla grande finamente picada	1,5 litros de caldo de pollo o de verduras, caliente	
	2 cucharadas de perejil fresco picado	

1 Ponga los tomates secados al sol en un cuenco y cúbralos con agua hirviendo. Déjelos en remojo unos 30 minutos, hasta que estén blandos y flexibles. Escúrralos y séquelos con papel de cocina. Córtelos en tiras finas y resérvelos.

2 Caliente el aceite en una cazuela grande de base gruesa. Fría la cebolla durante unos 2 minutos, hasta que empiece a ablandarse. Añada el ajo y fríalo 15 segundos. Incorpore el arroz y rehogue, sin dejar de remover, durante unos 2 minutos, hasta que esté transparente y bien impregnado de aceite.

3 Añada un cucharón (unos 225 ml) de caldo caliente y cueza el arroz, removiendo constantemente, hasta que haya absorbido el líquido.

4 Siga añadiendo caldo, medio cucharón cada vez, y deje que el arroz lo absorba antes de añadir el siguiente, sin dejar que llegue a secarse.

5 Al cabo de 15 minutos, añada los tomates secados al sol. Siga cociendo el arroz, añadiendo caldo, hasta que esté tierno pero firme. El *risotto* debería tener una consistencia cremosa, y los granos, quedar tiernos pero no reblandecidos.

6 Retire la cazuela del fuego y añada el perejil y la mitad del queso. Tápela y deje reposar el arroz 1 minuto. Sírvalo en platos individuales, rociado con aceite de oliva y espolvoreado con el resto del queso.

Risotto aromatizado con naranja

Para 4 personas

INGREDIENTES

2 cucharadas de piñones
4 cucharadas de mantequilla
   sin sal
2 chalotes finamente picados
1 puerro cortado en tiras finas
400 g de arroz *arborio*
   o *carnaroli*

2 cucharadas de licor de naranja
   o vermut blanco seco
1,5 litros de caldo de pollo
   o de verduras, caliente
la ralladura de 1 naranja
el zumo de 2 naranjas,
   colado

3 cucharadas de cebollino
   fresco cortado
sal y pimienta

1 Tueste los piñones en una sartén, a fuego medio, durante 3 minutos, removiendo con frecuencia, hasta que estén dorados. Resérvelos.

2 Caliente la mitad de la mantequilla en una cazuela grande de base gruesa. Añada los chalotes y el puerro y fríalos durante unos 2 minutos, hasta que se ablanden. Agregue el arroz y rehóguelo unos 2 minutos, hasta que esté transparente y bien impregnado de mantequilla.

3 Vierta el licor o el vermut blanco. Se formarán burbujas y vapor rápidamente, y se evaporará casi enseguida. Añada un cucharón (unos 225 ml) de caldo caliente a la cazuela, y rehogue el arroz, removiendo, hasta que haya absorbido el líquido.

4 Siga añadiendo caldo a la cazuela, medio cucharón cada vez, y deje que el arroz lo absorba antes de añadir el siguiente. Debe procurar que el arroz no llegue nunca a secarse.

5 Al cabo de 15 minutos, añada la ralladura y el zumo de naranja, y siga cociéndolo, añadiendo más líquido, hasta que el arroz esté tierno pero no reblandecido. El *risotto* debería tener una consistencia cremosa.

6 Retire la cazuela del fuego y añada el resto de la mantequilla y 2 cucharadas de cebollino. Salpimente al gusto. Sírvalo en platos individuales y espolvoree con los piñones tostados y el resto del cebollino.

Risotto con guindas y cerezas

Para 6 personas

INGREDIENTES

2 cucharadas de almendras crudas

2 cucharadas de aceite de girasol u otra variedad vegetal

1 cebolla roja finamente picada

2 cucharadas de guindas secas o pasas

350 g de arroz *arborio* o *carnaroli*

450 g de cerezas negras o ciruelas negras pequeñas, deshuesadas y partidas por la mitad

225 ml de vino de Oporto o vino tinto afrutado

1,2 litros de caldo de pollo o de verduras, caliente

50 ml de nata líquida espesa (opcional)

2 cucharadas de cebollino fresco picado, y alguno entero para decorar

sal y pimienta

1 Tueste ligeramente las almendras en una sartén unos 2 minutos, hasta que estén doradas. Píquelas gruesas y resérvelas.

2 Caliente el aceite en una cazuela grande de base gruesa. Fría la cebolla unos 2 minutos, removiendo frecuentemente, hasta que empiece a ablandarse. Añada las guindas y las cerezas, y remueva unos 2-3 minutos, hasta que empiecen a ablandarse. Incorpore el arroz, y rehóguelo, removiendo, hasta que esté transparente.

3 Vierta el oporto: formará burbujas y vapor casi inmediatamente. Deje cocer el arroz hasta que casi haya absorbido el líquido. Añada un cucharón (unos 225 ml) de caldo caliente, y siga cociéndolo, removiendo constantemente, hasta que haya absorbido el caldo.

4 Siga añadiendo caldo, medio cucharón cada vez, y deje que el arroz lo absorba antes de añadir el siguiente, sin dejar que llegue a secarse. El proceso debería tardar 20-25 minutos, y el *risotto* acabar teniendo una consistencia cremosa, con los granos tiernos pero no demasiado blandos.

5 Agregue la nata líquida, si la utiliza, y salpimente. Retire la cazuela del fuego y añada el cebollino. Sirva el arroz caliente en platos individuales, espolvoreado con las almendras picadas y adornado con el cebollino.

Risotto de cangrejo con pimientos asados

Para 4-6 personas

INGREDIENTES

2-3 pimientos rojos grandes
3 cucharadas de aceite de oliva
1 cebolla finamente picada
1 bulbo de hinojo tierno, pequeño y finamente picado
2 tallos de apio finamente picados

1/4-1/2 cucharadita de cayena en polvo, o al gusto
350 g de arroz *arborio* o *carnaroli*
1 lata de 800 g de tomates pera pelados, escurridos y picados
50 ml de vermut blanco seco (opcional)

1,5 litros de caldo pollo o pescado
450 g de carne de cangrejo fresca cocida
50 ml de zumo de limón
2-4 cucharadas de perejil o perifollo fresco picado
sal y pimienta

1 Ase los pimientos en el grill hasta que la piel esté chamuscada. Métalos en una bolsa de plástico y ciérrela bien. Cuando se hayan enfriado lo suficiente para manipularlos, quíteles la piel, trabajando sobre un cuenco para recoger el jugo que pudiera caer. Retire la pulpa blanca y las semillas, píquelos y resérvelos con su jugo.

2 Caliente el aceite de oliva en una cazuela grande de base gruesa, a fuego medio. Añada la cebolla, el hinojo y el apio, y fríalos durante unos 2-3 minutos, hasta que se hayan ablandado. Añada la cayena molida y el arroz, y rehóguelo, removiendo, hasta que esté transparente y bien impregnado.

3 Añada los tomates y el vermut, si lo utiliza; formará burbujas y vapor prácticamente al instante. Cuando el líquido haya sido absorbido casi del todo, añada un cucharón (unos 225 ml) de caldo caliente y deje cocer el arroz sin dejar de remover hasta que haya absorbido todo el líquido.

4 Siga añadiendo caldo, medio cucharón cada vez, y deje que el arroz lo absorba antes de añadir el siguiente, sin dejar que llegue a secarse. El proceso debería tardar 20-25 minutos, y el *risotto*, acabar teniendo una consistencia cremosa, con los granos tiernos pero no demasiado blandos.

5 Agregue el pimiento rojo y el jugo, la carne de cangrejo, el zumo de limón y el perejil o el perifollo. Salpimente al gusto. Sirva el *risotto* directamente.

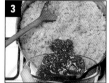

Risotto con almejas

Para 6 personas

INGREDIENTES

50 ml de aceite de oliva

1 cebolla grande, finamente
    picada

2 kg de almejas muy pequeñas,
    bien lavadas

125 ml de vino blanco seco

1 litro de caldo de pescado

600 ml de agua

3 dientes de ajo finamente
    picados

½ cucharadita de guindilla seca
    machacada (o al gusto)

400 g de arroz *arborio*
    o *carnaroli*

3 tomates pera maduros, sin piel
    y finamente picados

3 cucharadas de zumo de limón

2 cucharadas de perifollo o perejil
    fresco picado

sal y pimienta

1 Caliente 1-2 cucharadas de aceite en una cazuela grande de base gruesa, a fuego medio. Saltee la cebolla durante 1 minuto, añada las almejas y el vinagre, y tápelo herméticamente. Rehogue unos 2-3 minutos, agitando la cazuela con frecuencia, hasta que las almejas empiecen a abrirse. Retire la cazuela del fuego y descarte las que continúen cerradas.

2 Cuando estén lo suficientemente frías para poder manipularlas, retire las almejas de sus valvas.

Enjuáguelas en el líquido de cocción, tápelas y resérvelas. Cuele el caldo de cocción con un filtro de papel o un colador forrado con papel de cocina, y resérvelo.

3 Lleve el caldo de pescado y el agua a ebullición en una cazuela, y manténgalo a fuego suave.

4 Caliente el resto del aceite de oliva en una cazuela grande de base gruesa, a fuego medio. Añada el ajo y la guindilla, y fríalos 1 minuto. Incorpore el arroz

y rehóguelo 2 minutos, hasta que esté transparente y bien impregnado.

5 Añada un cucharón (unos 225 ml) de caldo caliente. Cueza el arroz hasta que haya absorbido el líquido.

6 Siga añadiendo caldo, medio cucharón cada vez, y deje que el arroz lo absorba antes de añadir el siguiente, sin dejar que llegue a secarse. El proceso deberá tardar unos 20-25 minutos y el *risotto*, acabar teniendo una consistencia cremosa.

7 Añada el tomate picado, las almejas reservadas y su líquido de cocción, el zumo de limón y el perifollo, y caliéntelo todo bien. Salpimente al gusto y sírvalo inmediatamente.

Risotto negro

Para 6 personas

INGREDIENTES

2-3 cucharadas de aceite
de oliva

450 g de calamar o sepia
limpios, cortados en aros
finos, lavados y secados
con papel de cocina

2 cucharadas de zumo de
limón

2 cucharadas de mantequilla
sin sal

3-4 dientes de ajo finamente
picados

1 cucharadita de guindilla seca
majada, o al gusto

350 g de arroz *arborio* o *carnaroli*

125 ml de vino blanco seco

1 litro de caldo de pescado,
caliente

2 sobrecitos de tinta de calamar
o de sepia

2 cucharadas de perejil fresco
picado

sal y pimienta

1 Caliente la mitad del aceite de oliva en una sartén grande de base gruesa, a fuego medio. Cuando el aceite esté muy caliente añada los aros de calamar y saltéelos 2-3 minutos, hasta que estén hechos. Póngalos en un plato y rocíelos con el zumo del limón.

2 Caliente el resto del aceite y la mantequilla en una cazuela grande de base gruesa, a fuego medio. Añada el ajo y la guindilla, y fríalos 1 minuto. Incorpore el arroz y rehóguelo 2 minutos, removiendo varias veces, hasta que esté transparente y bien recubierto.

3 Vierta el vino blanco: formará burbujas y vapor casi inmediatamente. Cueza el arroz sin dejar de remover hasta que haya absorbido totalmente el vino. Añada un cucharón (unos 225 ml) de caldo de pescado caliente, y déjelo cocer, removiéndolo constantemente, hasta haya sido absorbido.

8 Siga añadiendo caldo, medio cucharón cada vez, y deje que el arroz lo absorba antes de añadir el siguiente, sin dejar que llegue a secarse. El proceso debería tardar unos 20-25 minutos, y el *risotto*, acabar teniendo una consistencia cremosa.

4 Antes de añadir el último cucharón, agregue la tinta de calamar al caldo y remueva bien. Incorpore los trozos de calamar reservado y el perejil. Salpimente y sirva el *risotto* caliente.

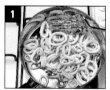

Risotto con bogavante

Para 4 personas

INGREDIENTES

1 cucharada de aceite vegetal

4 cucharadas de mantequilla
   sin sal

2 chalotes finamente
   picados

300 g de arroz *arborio* o *carnaroli*

80 ml de vermut blanco seco

1,5 litros de caldo de pollo,
   pescado o marisco,
   caliente

$^1/_2$ cucharadita de cayena
   en polvo, o al gusto

225 g de tomates cereza,
   cortados en cuartos
   y sin semillas

2-3 cucharadas de nata
   líquida espesa o nata
   para montar

450 g de carne de bogavante
   cocida, troceada

2 cucharadas de perifollo
   o eneldo fresco picado

sal y pimienta blanca

1 Caliente el aceite y la mitad de la mantequilla en una cazuela grande de base gruesa. Fría los chalotes unos 2 minutos, hasta que empiecen a ablandarse. Añada el arroz y la cayena en polvo, y rehóguelo, removiendo frecuentemente, hasta que esté transparente y bien recubierto.

2 Vierta el vermut blanco: formará burbujas y vapor y se evaporará casi inmediatamente. Añada un cucharón (unos 225 ml) de caldo caliente y deje cocer el arroz, sin dejar de removerlo, hasta que haya absorbido el líquido.

3 Siga añadiendo caldo, medio cucharón cada vez, y deje que el arroz lo absorba antes de añadir el siguiente, sin dejar que llegue a secarse. El proceso debería tardar 20-25 minutos, y el *risotto*, acabar teniendo una consistencia cremosa, con los granos tiernos pero no demasiado blandos.

4 Añada el tomate picado y la nata líquida cuézalo durante 2 minutos.

5 Incorpore la carne de bogavante cocida, con el resto de la mantequilla y el perifollo, y cueza el tiempo suficiente para que el marisco se caliente. Sirva el plato de inmediato.

Risotto de achicoria con panceta

Para 6-8 personas

INGREDIENTES

- 1 achicoria grande, sin las hojas exteriores
- 2 cucharadas de aceite de girasol u otra variedad vegetal
- 2 cucharadas de mantequilla sin sal
- 1 cebolla grande picada

- 115 g de panceta o lonchas gruesas de beicon ahumado, cortada en dados
- 1 diente de ajo finamente picado
- 400 g de arroz *arborio* o *carnaroli*
- 1,5 litros de caldo de pollo o de verduras, caliente

- 50 ml de nata líquida espesa
- 60 g de queso parmesano rallado
- 3-4 cucharadas de perejil fresco picado
- sal y pimienta
- ramitas de perejil fresco (decorar)

1 Corte la achicoria por la mitad a lo largo, y retire el corazón de forma triangular. Ponga las dos mitades cabeza abajo sobre una tabla y córtelas en tiras finas. Resérvelas.

2 Caliente el aceite y la mantequilla en una cazuela grande de base gruesa, a fuego medio. Añada la panceta y fríala 3-4 minutos, removiendo de vez en cuando, y cuando se empiece a dorar agregue la cebolla y el ajo y fríalos hasta que se ablanden.

3 Incorpore el arroz y rehóguelo 2 minutos, removiendo frecuentemente, hasta que esté transparente y bien recubierto con el aceite y la mantequilla. Añada la achicoria y déjela cocer 1 minuto, hasta que empiece a ablandarse. Reduzca la temperatura al mínimo.

4 Añada un cucharón (unos 225 ml) del caldo de pollo o verduras caliente. Cueza el arroz, removiendo constantemente, hasta que haya absorbido del todo el caldo.

5 Siga añadiendo caldo, medio cucharón cada vez, y deje que el arroz lo absorba antes de añadir el siguiente, sin dejar que llegue a secarse. El proceso debería tardar 20-25 minutos, y el *risotto*, acabar teniendo una consistencia cremosa, con los granos tiernos pero no demasiado blandos.

6 Agregue la nata líquida, el parmesano y el perejil. Salpimente al gusto. Retire la cazuela del fuego y deje reposar el arroz 1 minuto. Sírvalo adornado con perejil.

Risotto con salchicha italiana y romero

Para 4–6 personas

INGREDIENTES

2 ramitas largas de romero, y
    un poco más para decorar
2 cucharadas de aceite de oliva
4 cucharadas de mantequilla
    sin sal
1 cebolla grande finamente picada
1 tallo de apio finamente picado

2 dientes de ajo finamente
    picados
½ cucharadita de hojas de tomillo
    seco
450 g de salchicha de cerdo, tipo
    luganega o Cumberland,
    cortada en trozos de 1 cm

350 g de arroz *arborio* o *carnaroli*
125 ml de vino tinto afrutado
1,3 litros de caldo de pollo,
    caliente
85 g de queso parmesano
    recién rallado
sal y pimienta

1 Separe las agujas del romero del tallo. Píquelas bien finas y resérvelas.

2 Caliente el aceite y la mitad de la mantequilla en una cazuela grande de base gruesa a fuego medio. Fría la cebolla y el apio durante unos 2 minutos. Añada el ajo, el tomillo, la salchicha y el romero, y rehóguelo durante unos 5 minutos, removiendo con frecuencia, hasta que la salchicha empiece a dorarse. Retírela y resérvela en un plato.

3 Añada el arroz y rehóguelo 2 minutos, hasta que esté transparente y bien recubierto con la mantequilla y el aceite.

4 Vierta el vino tinto: formará burbujas y se evaporará enseguida. Añada un cucharón (unos 225 ml) de caldo caliente a la cazuela, y deje cocer el arroz, sin dejar de remover, hasta que haya absorbido el líquido.

5 Siga añadiendo caldo, medio cucharón a la vez, y deje que el arroz lo absorba antes de añadir el siguiente, sin dejar que llegue a secarse. El proceso debería tardar 20-25 minutos, y el *risotto*, acabar teniendo una consistencia cremosa, con los granos tiernos pero no demasiado blandos.

6 Vuelva a incorporar la salchicha al *risotto*. Una vez caliente, retire la cazuela del fuego y añada el resto de la mantequilla, el parmesano, sal y pimienta. Tápelo y déjelo reposar 1 minuto. Sírvalo caliente adornado con el romero.

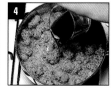

Arrancini

Para 6–8 personas

INGREDIENTES

1 porción de *risotto* sencillo
con queso parmesano
(véase pág. 100),
completamente enfriado

3 huevos

3 cucharadas de perejil fresco
picado

115 g de mozzarella cortada
en dados

aceite vegetal, para freir

unos 80 g de harina

100 g de pan rallado,
preferiblemente casero

sal y pimienta

1 Ponga el *risotto* en un cuenco grande y remuévalo para separar los granos de arroz. Bata ligeramente 2 de los huevos y, poco a poco, agréguelos al *risotto*, hasta que empiece a pegarse. Añada el perejil.

2 Con las manos humedecidas, haga bolitas de *risotto* del tamaño de un huevo grande.

3 Haga un hoyo en el centro de cada bola, y rellénelos con unos dados de mozzarella. Con cuidado, cierre el agujero con la mezcla de arroz. Deposite las bolas sobre una bandeja de hornear grande.

4 Caliente 7,5 cm de aceite en una freidora o sartén grande de base gruesa, a unos 180-190 °C o hasta que un dado de pan se dore en 30 segundos.

5 Extienda la harina sobre un plato grande y salpimente. En un bol, bata el huevo restante y añada el que haya podido sobrar del paso 1. Esparza el pan rallado sobre otro plato y salpimente.

6 Reboce las bolas de *risotto* con un poco de harina y sacuda el exceso. Con cuidado, páselas por el huevo, y a continuación por el pan rallado.

7 Fría 3-4 bolas a la vez, unos 2 minutos, hasta que estén doradas y crujientes; después, déjelas escurrir sobre papel de cocina. Manténgalas calientes en el horno mientras fríe el resto. Sírvalas de inmediato, mientras el queso todavía está suave y fundido.

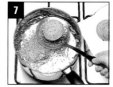

Frittata de risotto

Para 4-6 personas

INGREDIENTES

unos 80 ml de aceite de oliva
1 cebolla roja grande, finamente
   picada
1 pimiento rojo, sin la pulpa
   blanca ni semillas y picado

1 diente de ajo finamente picado
3-4 tomates secados al sol,
   cortados en tiras finas
2 cucharadas de perejil o
   albahaca fresca picada

1 porción de *risotto* sencillo con
   queso parmesano (véase pág.
   100) o *risotto* a la milanesa
   (véase pág. 156), enfriado
60 g de queso parmesano rallado

1 Caliente 2 cucharadas de aceite en una sartén grande de base gruesa, a fuego medio. Añada la cebolla y el pimiento rojo y fríalos durante 3-4 minutos, hasta que estén tiernos.

2 Agregue el ajo y los tomates secados al sol rehogue 2 minutos más. Retírelos de la sartén. Añada el perejil y déjelo enfriar ligeramente.

3 Ponga el *risotto* en un cuenco y separe los granos de arroz con un tenedor. Agréguele la mezcla de verduras y la mitad del parmesano. Remueva para mezclar bien todos los ingredientes.

4 Reserve 1 cucharada del aceite y caliente el resto en la sartén, a fuego medio. Retírela del fuego y, con una cuchara, vaya poniendo la mezcla de *risotto*, haciendo presión para que quede una capa de entre unos 2-2,5 cm de espesor. Vuelva a ponerlo al fuego y deje que se haga durante unos 4 minutos.

5 Con una espátula, desprenda el arroz de los bordes y agite la sartén. Ponga la *frittata* sobre un plato

grande. Con las manos protegidas, invierta la sartén sobre el plato y, sujetando ambos con firmeza, déle la vuelta. Vuelva a poner la sartén al fuego, y rocíe el borde con el resto del aceite. Con la espátula, empuje con suavidad los bordes hacia el centro. Deje la *frittata* en el fuego 1-2 minutos más, para cuajar el fondo, y póngala en un plato de servir.

6 Espolvoree con un poco del parmesano restante por encima. Córtela en triángulos y sírvala con el resto del queso.

Tarta de risotto con espinacas y queso

Para 6-8 personas

INGREDIENTES

190 g de harina
½ cucharadita de sal
1 cucharadita de azúcar lustre
115 g de mantequilla sin sal,
    cortada en dados
1 yema de huevo batida con
    2 cucharadas de agua helada

RELLENO:
1 porción de *risotto* sencillo con
    queso parmesano (véase pág.
    100), todavía caliente
250 g de espinacas cocidas, muy
    bien escurridas y picadas
2 cucharadas de nata líquida
    espesa

225 g de mozzarella,
    preferentemente de leche
    de búfala
80 g de queso parmesano recién
    rallado

1 Para preparar la pasta quebrada, tamice la harina, la sal y el azúcar sobre un cuenco grande y añada la mantequilla. Trabaje la pasta con las manos hasta que tenga consistencia de pan rallado. Agregue la mezcla de huevo y remueva para hacer una pasta.

2 Haga una bola con la pasta, envuélvala en plástico de cocina y déjala en la nevera mínimo 1 hora.

3 Con cuidado, extienda la pasta con el rodillo hasta

que tenga un grosor de 3 mm. Forre con ella un molde para tartas acanalado y desmontable, de 23-25 cm, ligeramente engrasado. Pinche la pasta con un tenedor y déjela 1 hora en la nevera.

4 Cubra la base de la tarta con papel vegetal, ponga unos pesos y cuézala en el horno precalentado a 200 ºC unos 20 minutos, o hasta que la pasta esté dura y el reborde, dorado. Retire los pesos y el papel y resérvela. Baje el horno a 180 ºC.

5 Ponga el *risotto* en un cuenco y añada las espinacas, la nata líquida, la mitad de mozzarella y la mitad de parmesano. Con una cuchara, incorpore la mezcla al molde y alise la superficie. Espolvoréela con el resto de los quesos.

6 Cueza la tarta en el horno durante 12-15 minutos, o hasta que esté hecha y dorada. Retírela y déjela enfriar ligeramente sobre una rejilla metálica. Sírvala caliente.

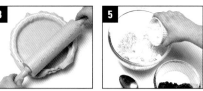

Risotto al horno con setas silvestres

Para 4–6 personas

INGREDIENTES

4 cucharadas de aceite de oliva
400 de setas, cortadas en rodajas
    gruesas
115 g de panceta o lonchas
    gruesas de beicon ahumado,
    cortada en dados

1 cebolla grande finamente
    picada
2 dientes de ajo finamente
    picados
350 g de arroz *arborio* o *carnaroli*
1,2 litros de caldo de pollo,
    caliente

2 cucharadas de estragón
    o perejil fresco, picado
85 g de queso parmesano recién
    rallado, y un poco más para
    espolvorear
sal y pimienta

1 Caliente 2 cucharadas de aceite en una sartén grande de base gruesa, a fuego vivo. Saltee las setas 2-3 minutos, hasta que estén doradas y un poco crujientes. Póngalas en un plato.

2 Fría la panceta en la sartén hasta que esté dorada y crujiente. Déjela en el plato con las setas.

3 Caliente el resto del aceite en una cazuela grande de base gruesa, a fuego medio.

Fría la cebolla durante unos 2 minutos, hasta que empiece a ablandarse. Añada el ajo y el arroz, y rehóguelo unos 2 minutos, hasta que esté bien recubierto.

4 Gradualmente, añada el caldo, y a continuación la mezcla de panceta y setas y el estragón. Salpimente y llévelo a ebullición.

5 Retire el arroz del fuego y póngalo en una cazuela de barro que pueda ir al horno.

6 Tápela e introdúzcala en el horno precalentado a 180 °C unos 20 minutos, hasta que el arroz esté prácticamente cocido y haya absorbido casi todo el líquido. Destápelo y añada el parmesano. Hornéelo unos 15 minutos más, hasta que el arroz esté tierno pero no reblandecido. Espolvoréelo con el parmesano extra y sírvalo directamente.

Platos famosos

En este capítulo puede dar la vuelta al mundo
y probar algunos de los tradicionales y deliciosos platos
de arroz que han surgido en varios países productores de
este cereal a lo largo de los siglos, ofreciendo una
extraordinaria mezcla de sabores
e ingredientes exóticos.

Para una especialidad europea, prepare una paella,
o sirva la delicada sopa griega de huevo y limón como
almuerzo ligero. De Oriente Medio, saboree una
inusual salchicha de arroz y cordero, el mumbar; o
aprenda a hacer el delicioso mujadarah, una estupenda
combinación de arroz, lentejas y cebollas caramelizadas.

Paladee los exóticos sabores de la India con el murgh
pullau, un aromático pilaf de pollo y almendras, o
descubra las delicias de la cocina tailandesa con un curry
picante de cerdo con arroz al aroma de jazmín.
El popular arroz frito chino es de degustación obligada,
y el clásico plato de arroz frito indonesio, el nasi
goreng, una mezcla de sabores del Lejano Oriente, es
ideal para cualquier ocasión. Los rollitos de primavera
vietnamitas son un capricho culinario divertido
de comer, y para una recepción con invitados,
el sushi japonés será siempre el plato estrella.

Risotto a la milanesa

Para 4-6 personas

INGREDIENTES

½-1 cucharadita de hebras de
   azafrán
1,3 litros de caldo de pollo caliente
6 cucharadas de mantequilla
   sin sal

2-3 chalotes finamente picados
400 g de arroz *arborio* o *carnaroli*
175 g de queso parmesano recién
   rallado
sal y pimienta

1 Ponga las hebras de azafrán en un cuenco pequeño. Vierta suficiente caldo para cubrirlas y déjelas reposar.

2 Derrita 2 cucharadas de mantequilla en una sartén grande de base gruesa, a fuego medio. Fría los chalotes unos 2 minutos, hasta que empiecen a ablandarse. Añada el arroz y rehóguelo, removiendo con frecuencia, unos 2 minutos, hasta que empiece a estar transparente y bien recubierto.

3 Añada un cucharón (unos 225 ml) de caldo caliente: formará burbujas y vapor rápidamente. Déjelo cocer, removiendo constantemente, hasta que se haya consumido el líquido.

4 Siga añadiendo caldo, medio cucharón cada vez, dejando que se absorba antes de añadir más; nunca deje que el arroz llegue a secarse.

5 Al cabo de 15 minutos, añada el caldo de remojo del azafrán: el arroz cogerá enseguida un color amarillo intenso, que se irá intensificando a medida que avance la cocción. Siga cociendo, añadiendo el caldo de la misma manera hasta que el arroz esté tierno pero todavía firme. El *risotto* debería acabar teniendo una consistencia cremosa.

6 Añada el resto de la mantequilla y la mitad del parmesano, y luego retírelo del fuego. Cúbralo y déjelo reposar 1 minuto.

7 Pase el *risotto* a cuencos individuales y sírvalo inmediatamente con el resto del parmesano.

Dolmades

Para 10–12 personas

INGREDIENTES

115 g (unas 24 unidades) de hojas
de parra en salmuera
aceite de oliva
1 cebolla finamente picada
2 dientes de ajo muy picados
¾ de cucharadita de tomillo seco

¾ de cucharadita de orégano seco
½ cucharadita de canela en polvo
200 g de arroz blanco de grano largo
350 ml de agua
2 cucharaditas de pasas
2 cucharadas de piñones tostados

2 cucharadas de menta fresca picada
2 cucharadas de perejil fresco picado
4 cucharadas de zumo de limón
350 ml de caldo de pollo
sal y pimienta

1 Escurra las hojas de parra y cúbralas con agua hirviendo durante 2 minutos. Escúrralas y, después de enjuagarlas, séquelas con papel de cocina. Recorte los tallos duros. Colóquelas sobre papel absorbente, con el lado brillante hacia abajo.

2 Caliente 2 cucharadas de aceite en una cazuela de base gruesa y fría la cebolla unos 3 minutos, hasta que se ablande. Añada el ajo, las hierbas secas y la canela, después el arroz, y rehóguelo 2 minutos, removiendo, hasta que esté transparente.

3 Añada el agua y las pasas y llévelo a ebullición, removiendo 2 veces. Déjelo bien tapado, a fuego lento, 15 minutos, hasta que el líquido se haya absorbido y el arroz esté tierno.

4 Con un tenedor, pase el arroz a un cuenco y añada los piñones, la menta, el perejil y la mitad del zumo de limón. Remueva y sazone con sal, pimienta y 1 cucharada de aceite de oliva.

5 Deposite 1 cucharada de mezcla de arroz sobre una hoja de parra, cerca del

lado del tallo, y enróllela sobre el relleno. Doble los lados de la hoja hacia el interior y acabe de enrollar. Repita la operación con el resto de las hojas.

6 Unte una fuente refractaria o una cazuela de barro con unas 2 cucharadas de aceite. Disponga las *dolmades* bien apretadas en 2 filas. Rocíe con 1 cucharada más de aceite de oliva y el resto del zumo de limón. Vierta el caldo sobre las hojas y añada agua si no hubiera suficiente líquido.

7 Coloque una bandeja refractaria sobre los rollitos, como peso, cubra bien con una tapa o con papel de aluminio, y cuézalos a fuego muy lento durante 1 hora. Retírelos del fuego y deje que se enfríen a temperatura ambiente. Escúrralos y sírvalos con algo de jugo de cocción, si lo desea.

Mujadarah

Para 4 personas

INGREDIENTES

225 g de lentejas verdinas
    o pardinas, lavadas
125 g de aceite de oliva
3 cebollas grandes cortadas
    en rodajas finas
sal y pimienta

200 g de arroz *basmati* o blanco
    de grano largo
700 ml de caldo ligero de pollo
    o de verduras
1 cucharadita de pimienta de
    Jamaica o de canela en polvo

PARA SERVIR:
gajos de limón
cebolletas cortadas en rodajitas
    finas en diagonal
yogur natural

1 En una cazuela grande, lleve agua a ebullición. Vaya añadiendo las lentejas de forma gradual, para que el agua no deje de hervir. Baje la temperatura a la posición media-baja y deje cocer unos 25 minutos, retirando la espuma que suba a la superficie. Cuando estén tiernas, escurra las lentejas y resérvelas (véase sugerencia).

2 Mientras tanto, caliente el aceite en una sartén grande y honda, a fuego medio. Cuando esté muy caliente, añada la cebolla y fríala unos 4-5 minutos, hasta

que esté tierna. Con una espumadera, pase unos 2/3 a un cuenco y resérvela. Siga dorando el resto hasta que esté crujiente, y escúrrala sobre papel de cocina.

3 En la sartén, sofría el arroz durante unos 2 minutos, removiendo con frecuencia, hasta que esté transparente e impregnado de aceite. Añada la cebolla menos frita, junto con las lentejas y el caldo; remueva con suavidad, y no deje que se pegue a la base de la sartén. Agregue la pimienta de Jamaica y salpimente.

4 Tape herméticamente la sartén y cueza a fuego muy lento unos 20 minutos, hasta que no quede líquido. Con un tenedor, pase el arroz a un cuenco; ponga encima la cebolla crujiente. Sírvalo acompañado con gajos de limón, cebolleta y yogur.

SUGERENCIA

Si lo prefiere, reserve el líquido de cocción de las lentejas y utilícelo en lugar del caldo de pollo o de verduras.

Sopa griega de huevo y limón

Para 6-8 personas

INGREDIENTES

1,5 litros de caldo de pollo o
de cordero
75-100 g de arroz blanco
de grano largo

3 huevos, las yemas separadas
de las claras
3-4 cucharadas de zumo
de limón
1 cucharada de agua

sal y pimienta blanca
1 cucharada de perejil fresco
picado, para adornar
(opcional)

1 Lleve el caldo a ebullición en una cazuela grande. Añada el arroz poco a poco para no interrumpir el hervor, y remueva 1 o 2 veces. Baje la temperatura y déjelo a fuego suave, parcialmente cubierto, hasta que el arroz esté tierno; retire la espuma que pueda subir a la superficie.

2 En un bol, bata las claras de huevo a punto de nieve.

3 Agregue las yemas y siga batiendo hasta que la mezcla esté ligera y cremosa. Gradualmente, añada el zumo de limón y el agua.

4 Luego, incorpore poco a poco la mitad del caldo caliente con arroz, unas 2 cucharadas cada vez. Tenga cuidado de añadir el caldo caliente muy lentamente a la mezcla de huevo y limón, sin dejar de batir, para que el huevo no cuaje.

5 Retire el resto del caldo del fuego, páselo a un cuenco y, gradualmente, incorpore la mezcla de huevo y caldo. Bata 1 minuto, para dejar que el caldo se enfríe ligeramente. Salpimente y sírvalo muy caliente. Adorne el plato con un poco de perejil picado, si lo desea.

SUGERENCIA

Si utiliza un robot de cocina, le será más fácil evitar que la mezcla de huevo y limón cuaje. Ponga las claras en la batidora equipada con la cuchilla metálica, y bata 1 minuto, hasta que estén muy espesas y espumosas. Añada las yemas y siga batiendo 1 minuto. Con el motor en marcha, añada gradualmente el limón y el agua por el tubo de alimentación, hasta que estén incorporados. Prosiga a partir del paso 4.

Kedgeree

Para 4–6 personas

INGREDIENTES

700 g de filetes de merluza o
    bacalao fresco, gruesos
leche, para escalfar
2 hojas de laurel
1 cucharada de aceite vegetal
4 cucharadas de mantequilla
1 cebolla finamente picada

1 cucharadita de curry picante
    en polvo, o al gusto
1 cucharadita de mostaza en polvo
300 g de arroz *basmati*
750 ml de agua
2 puerros pequeños, cortados
    en rodajitas de 5 mm

2 cucharadas de perejil o cilantro
    fresco picado
un chorrito de zumo de limón
3-4 huevos duros, pelados y
    cortados en cuartos
sal y pimienta
cuartos de limón, para servir

1 Ponga los filetes de pescado en una sartén y vierta leche suficiente sólo para cubrirlos; añada las hojas de laurel. Espere que hierva y luego cúbralo, y deje que cueza a fuego suave durante unos 4 minutos. Retire el pescado del fuego y déjelo reposar, sin destapar, unos 10 minutos.

2 Con una espumadera, pase el pescado a una bandeja; cúbralo sin apretar y resérvelo. Guarde también la leche de la cocción, pero sin las hojas de laurel.

3 Caliente el aceite y la mitad de la mantequilla en una cazuela grande, a fuego medio. Fría la cebolla unos 2 minutos, hasta que se ablande. Añada el curry en polvo y la mostaza, y déjelo 1 minuto más.

4 Incorpore el arroz y remueva durante 2 minutos para impregnarlo. Agregue el agua y llévelo a ebullición; remuévalo y baje la temperatura al mínimo. Tape la cazuela y cuézalo unos 20-25 minutos, hasta que esté tierno.

5 Derrita el resto de la mantequilla en una cazuela, y fría el puerro durante unos 2 minutos, hasta que se haya ablandado. Incorpórelo en el arroz. Añada 2-3 cucharadas de la leche reservada para humedecerlo.

6 Retire la piel del pescado, desmenúcelo en trozos grandes y añádalo al arroz. Agregue el perejil y el zumo de limón, y salpimente. Añada leche si lo desea, y después los huevos duros. Sirva con los trozos de limón.

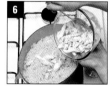

Paella

Para 4 personas

INGREDIENTES

125 ml de aceite de oliva
1,5 g de pollo troceado
350 g de chorizo cortado en
rodajas de 1 cm
115 de jamón curado, picado
2 cebollas muy picadas
2 pimientos rojos, sin la pulpa
blanca ni semillas, y cortados
en trozos de 2,5 cm

4-6 dientes de ajo
750 g de arroz de grano corto
o italiano tipo arborio
2 hojas de laurel
1 cucharadita de tomillo seco
1 cucharadita de hebras de
azafrán
225 ml de vino blanco seco
1,5 litros de caldo de pollo

115 g de guisantes frescos
o congelados
450 g de gambas medianas crudas
8 langostinos crudos, sin pelar
16 almejas muy bien lavadas
16 mejillones muy bien lavados
sal y pimienta
4 cucharadas de perejil fresco picado

1 Caliente la mitad del aceite en una paellera de 46 cm o en una sartén honda y ancha, a fuego medio. Añada el pollo y fríalo, dándole vueltas, hasta que esté dorado. Resérvelo.

2 Añada el chorizo y el jamón y sofría unos 7 minutos, removiendo de vez en cuando, hasta que estén crujientes. Resérvelos.

3 Incorpore las cebollas y rehogue unos 3 minutos, hasta que estén tiernas. Añada el pimiento y el ajo; cuando estén blandos, resérvelos en un plato aparte.

4 Añada el resto del aceite a la paellera, con el arroz, y remuévalo hasta que esté bien recubierto. Añada las hojas de laurel, el tomillo y el azafrán, y remueva bien. Vierta el vino, deje que haga burbujas y a continuación agregue el caldo, removiendo y raspando el fondo de la paellera. Póngalo a hervir sin dejar de remover.

5 Incorpore las verduras, y después el chorizo, el jamón y el pollo; con cuidado, introdúzcalo bajo el arroz. Baje la temperatura y cuézalo unos 10 minutos, removiendo de vez en cuando.

6 Añada los guisantes y las gambas, y déjelo otros 5 minutos. Coloque las almejas y los mejillones en el arroz. Cúbralo y cuézalo a fuego lento 5 minutos, hasta que esté tierno y el marisco se haya abierto. Salpimente al gusto. Deseche las almejas y los mejillones que permanezcan cerrados.

7 Retírelo del fuego y déjelo reposar, tapado, unos 5 minutos. Espolvoree con perejil y sirva.

Coulibiac de salmón

Para 4 personas

INGREDIENTES

115 g de mantequilla, y
2 cucharadas más (derretidas)
2 cebollas finamente picadas
115 g de arroz blanco de grano
largo
750 g de filete de salmón sin piel,
escalfado en agua, con el
líquido de la cocción reservado

150 g de champiñones cortados
en láminas finas
85 g de espinacas cocidas, picadas
2 cucharadas de eneldo fresco
picado
6 filetes de anchoa de lata, en
aceite, escurridos y picados
5 huevos duros picados

la ralladura y el zumo de 1 limón
grande
1 paquete de 375 g de pasta de
hojaldre
1 huevo batido, para el glaseado
sal y pimienta
gajos de limón y ramitas de
eneldo, para decorar

1 Derrita la mitad de la mantequilla en una cazuela grande, añada la mitad de la cebolla y fríala unos 2 minutos, hasta que esté tierna. Agregue el arroz y remueva durante 2 minutos, hasta que esté bien impregnado.

2 Si es necesario añada agua al líquido de cocción del pescado, hasta tener 225 ml. Viértalo sobre el arroz, llévelo a ebullición, cúbralo y cuézalo a fuego lento unos 18 minutos. Enfríelo.

3 Derrita el resto de la mantequilla en una sartén, añada la cebolla que sobra y los champiñones, y sofría unos 8 minutos, hasta que no quede líquido. Agregue las espinacas y el eneldo. Salpimente y enfríe.

4 Añada las anchoas, los huevos y la ralladura y el zumo de limón a la mezcla de champiñones y remueva bien.

5 Con el rodillo, extienda la pasta de hojaldre y córtela en 2 cuadrados, uno de 28 cm

y el otro de 30 cm de lado. Ponga el cuadrado más pequeño sobre una fuente para el horno ligeramente engrasada y extienda la mitad de la mezcla de champiñones encima, dejando un margen de 2,5 cm del borde; con una cuchara, deposite la mitad del arroz encima.

6 Coloque el salmón en el centro y cubra con el resto del arroz. Deposite el resto de los champiñones. Rocíe con la mantequilla fundida. Pinte los bordes de la pasta con huevo, cúbralo con el otro rectángulo y selle los bordes.

7 Cuézalo en el horno precalentado a 220 ºC unos 35 minutos, hasta que esté dorado. Déjelo reposar y sirva adornado.

Col rellena

Para 6–8 personas

INGREDIENTES

60 g de pan blanco rallado

125 ml de leche

1 cucharada de aceite vegetal

1 cebolla finamente picada

2 dientes de ajo finamente picados

450 g de bistec de buey picado

450 g de carne de cerdo o de ternera, picada

2 cucharadas de ketchup

3 cucharadas de eneldo fresco

1 cucharadita de hojas de tomillo

100 g de arroz blanco de grano largo

sal y pimienta

1 col grande, tipo repollo, con las hojas separadas y escaldadas

SALSA DE TOMATE:

2 cucharadas de aceite de oliva

2 cebollas grandes en rodajitas

1 lata de 800 g de tomate triturado

450 ml de passata (preparación italiana de tomate triturado)

50 ml de ketchup

la ralladura y el zumo de 1 limón grande

2 cucharadas de azúcar moreno claro

75 g de pasas

1 Mezcle el pan rallado con la leche y déjelo en remojo. Caliente el aceite y fría la cebolla y el ajo unos 2 minutos, hasta que se hayan ablandado. Resérvelos.

2 Ponga la carne de buey y la de cerdo en un cuenco, y mézclelas con el ketchup, las hierbas, el arroz, sal y pimienta. Añada el pan rallado y la cebolla y el ajo fritos.

3 Para la salsa de tomate, caliente el aceite y fría la cebolla 3 minutos. Añada el resto de los ingredientes y cuézalo a fuego suave unos 15 minutos, removiendo de vez en cuando. Resérvelo.

4 Para rellenar, coloque 1-2 cucharadas de la mezcla de carne sobre una hoja de col. Doble el tallo sobre el relleno y luego, los lados hacia adentro. Repita con el resto de las hojas.

5 Cubra con la salsa de tomate la base de una fuente grande para el horno. Deposite los rollitos de col encima, con el lado de la abertura hacia abajo. Vierta el resto de la salsa por encima, hasta cubrir los rollitos (añada un poco de agua si fuera necesario). Tape bien la fuente y cueza los rollitos alrededor de 1½ horas en el horno precalentado a 160 °C; rocíelos con la salsa un par de veces durante la cocción.

6 Disponga los rollitos de col en una fuente para servir, y evite que se enfríen. Caliente la salsa hasta que burbujee, si fuera necesario espesarla. Sirva directamente.

Pimientos rellenos al estilo mediterráneo

Para 6 personas

INGREDIENTES

6 pimientos grandes, rojos,
  amarillos y naranjas
200 g de arroz blanco de grano
  largo
2-3 cucharadas de aceite de oliva,
  y más para engrasar y rociar
1 cebolla grande
2 tallos de apio picados

2 dientes de ajo muy picados
½ cucharadita de canela en polvo
  o pimienta de Jamaica
75 g de pasas
4 cucharadas de piñones tostados
4 tomates pera maduros,
  despepitados y picados
50 ml de vino blanco

4 filetes de anchoa picados
½ manojo de perejil fresco picado
½ manojo de menta fresca picada
6 cucharadas de queso parmesano
  recién rallado
sal y pimienta
salsa de tomate recién hecha
  (véase pág. 170)

1 Con un cuchillo afilado, rebane la parte superior de los pimientos y extraiga las semillas y la pulpa blanca. Escáldelos en agua hirviendo durante 2-3 minutos. Retírelos con cuidado de la cazuela y deje que se escurran cabeza abajo sobre una rejilla metálica.

2 Ponga a hervir agua salada en una cazuela. Añada el arroz y cuézalo a fuego suave hasta que esté tierno pero firme. Aclárelo, escúrralo y resérvelo.

3 Caliente el aceite en una sartén grande. Fría la cebolla y el apio 2 minutos. Añada el ajo, la canela y las pasas, y déjelo 1 minuto más. Con un tenedor, vaya incorporando el arroz, y a continuación, los piñones, los tomates, el vino, las anchoas, el perejil y la menta. Rehogue 4 minutos. Retírelo del fuego, salpimente y añada la mitad del parmesano.

4 Unte el fondo de una fuente para el horno con un poco de aceite. Divida la mezcla de arroz a partes iguales entre los pimientos. Colóquelos sobre la fuente y espolvoree con el resto del parmesano. Rocíe con aceite y cubra con agua la base de la fuente hasta una altura de 1 cm. Tape la fuente con papel de aluminio, sin apretar.

5 Cuézalo unos 40 minutos en el horno precalentado a 180 °C. Retire el aluminio y deje que los pimientos se doren 10 minutos. Sírvalos calientes, acompañados con la salsa de tomate.

Arroz con alubias a la jamaicana

Para 6–8 personas

INGREDIENTES

450 g de alubias secas, pintas, escarlata o frijoles negros
2 cucharadas de aceite vegetal
1 cebolla grande picada
2-3 dientes de ajo muy picados
2 guindillas rojas, sin semillas y picadas
450 g de arroz blanco de grano largo

400 ml de leche de coco de lata
¾ de cucharadita de tomillo seco
1 cucharadita de sal

SALSA DE TOMATE:
4 tomates maduros, sin pepitas y cortados en dados de 5 mm
1 cebolla roja, finamente picada
4 cucharadas de cilantro picado

2 dientes de ajo finamente picados
1-2 chiles jalapeños, o guindilla al gusto, sin semillas
1-2 cucharadas de aceite de oliva
1 cucharada de zumo de lima recién exprimido
1 cucharadita de azúcar moreno claro
sal y pimienta

1 Deje las alubias en remojo en agua fría toda la noche. Después de escurrirlas y enjuagarlas, póngalas en una cazuela grande. Cúbralas con unos 5 cm de agua fría y llévelas a ebullición, a fuego vivo. Retire la espuma que suba a la superficie.

2 Deje hervir las alubias durante unos 10 minutos, escúrralas y vuelva a enjuagarlas. Póngalas de nuevo en la cazuela, cúbralas con agua fría y hiérvalas a fuego vivo.

3 Reduzca la temperatura y manténgalas a fuego suave. Parcialmente tapadas, cuézalas durante 1¼-1½ hora si son judías pintas, 1½-2 horas si son frijoles negros o 50-60 minutos para las judías escarlata, hasta que estén tiernas. Escúrralas y reserve el líquido de cocción.

4 Caliente el aceite en otra cazuela y fría la cebolla unos 2 minutos, hasta que se ablande. Añada el ajo y las guindillas y rehogue 1 minuto más. Incorpore el arroz y

remueva hasta que esté bien impregnado.

5 Agregue la leche de coco, el tomillo y la sal. Añada las alubias cocidas y 450 ml del líquido de cocción reservado, para recubrir la mezcla; vierta más líquido si fuera necesario. Llévelo a ebullición, luego baje la temperatura al mínimo, tape bien y cuézalo 20-25 minutos.

6 Mientras tanto, prepare la salsa: mezcle todos los ingredientes en un bol y déjelo reposar, cubierto sin apretar, a temperatura ambiente.

7 Retire el arroz del fuego y déjelo reposar, tapado, 5 minutos. Después, con un tenedor, páselo a un cuenco. Sírvalo caliente, con la salsa.

Jambalaya criollo

Para 6–8 personas

INGREDIENTES

2 cucharadas de aceite vegetal

85 g de jamón ahumado de buena
calidad, cortado en trocitos

85 g de *andouille* o auténtica
salchicha de cerdo ahumada,
por ejemplo *kielbasa* polaca,
cortada en tacos

2 cebollas grandes finamente
picadas

3-4 tallos de apio finamente picados

2 pimientos verdes, sin la pulpa
blanca ni las semillas y
finamente picados

2 dientes de ajo muy picados

225 g de pechugas o muslos de
pollo, sin piel y troceados

4 tomates maduros, sin piel y picados

175 ml de *passata* o tomate
triturado

450 ml de caldo de pescado

400 g de arroz blanco de grano
largo

4 cebolletas cortadas en trozos
de 2,5 cm

250 g de gambas crudas peladas,
con la cola intacta si lo desea

250 g de carne blanca de
cangrejo, cocida

12 ostras, sin las valvas, pero
con su jugo

CONDIMENTO:

2 hojas secas de laurel

1 cucharadita de sal

1½-2 cucharaditas de pimienta
de Cayena, o al gusto

1½ cucharadita de orégano seco

1 cucharadita de pimienta blanca
y negra molida, o al gusto

1 Para preparar el
condimento, mezcle todos
los ingredientes en un cuenco.

2 Caliente el aceite en
una cazuela refractaria, a
fuego medio. Añada el jamón
ahumado y la salchicha y fría
unos 8 minutos, removiendo
con frecuencia, hasta que estén
dorados. Con una espumadera
páselos a un plato grande.

3 Añada la cebolla, el apio
y el pimiento, y sofría
4 minutos. Agregue el ajo.
Retire el sofrito del fuego y
resérvelo en un plato aparte.

4 Ponga los trozos de pollo
en la cazuela y rehogue
durante 3-4 minutos, hasta
que empiecen a coger color.
Agregue el condimento para
aderezar el pollo.

5 Vuelva a poner el jamón,
la salchicha y las verduras
en la cazuela, y remueva.
Incorpore los tomates picados
y la *passata*, y a continuación
el caldo. Llévelo a ebullición.

6 Agregue el arroz y cuézalo
a fuego suave 12 minutos.
Incorpore la cebolleta y las
gambas y déjelo hervir, tapado,
unos 4 minutos más.

7 Por último, agregue la
carne de cangrejo y las
ostras con su jugo. Cuézalo
hasta que el arroz esté tierno y
las ostras, ligeramente firmes.
Déjelo reposar 3 minutos, sin
destapar, antes de servirlo.

Murgh pullau

Para 4–6 personas

INGREDIENTES

350 g de arroz *basmati*

4 cucharadas de *ghee* o
    mantequilla

115 g de almendras fileteadas

85 g de pistachos pelados sin sal

4–6 pechugas de pollo
    deshuesadas, sin piel
    y cortadas en 4 trozos

2 cebollas cortadas en rodajitas

2 dientes de ajo finamente picados

1 trozo de jengibre fresco de
    2,5 cm, pelado y picado

6 vainas de cardamomo verde,
    ligeramente machacadas

4–6 clavos enteros

2 hojas de laurel

1 cucharadita de cilantro molida

½ cucharadita de pimienta de Cayena

225 ml de yogur natural

125 ml de agua hirviendo

225 ml de nata líquida espesa

2–4 cucharadas de cilantro
    o menta fresca

225 g de uvas verdes sin pepitas,
    cortadas por la mitad si son
    grandes

1 Ponga a hervir agua salada en una cazuela. Añada el arroz poco a poco, vuelva a dejar que hierva y cuézalo a fuego suave hasta que esté tierno. Resérvelo, una vez escurrido y aclarado bajo el grifo de agua fría.

2 Caliente el *ghee* en una sartén honda a fuego medio. Fría las almendras y los pistachos 3 minutos, removiendo, hasta que estén ligeramente dorados. Retírelos y resérvelos aparte.

3 Ponga el pollo en la sartén y fríalo 5 minutos, dándole la vuelta, hasta que se dore. Retire y reserve. Añada la cebolla y sofríala unos 10 minutos, hasta que esté dorada. Agregue el ajo y las especias y rehogue 3 minutos.

4 Ponga 2–3 cucharadas de yogur y déjelo cocer, removiendo, con el ajo y la cebolla, hasta que toda la humedad se haya evaporado. Añada el resto del yogur de la misma manera.

5 Vuelva a poner el pollo y los frutos secos en la sartén y remueva para rebozarlos con la salsa. Vierta el agua. Salpimente y cuézalo, tapado, a fuego suave, unos 10 minutos, hasta que el pollo esté cocido. Agregue la nata líquida, el cilantro y las uvas, y retírelo del fuego.

6 Pase el arroz a un cuenco, y luego incorpore con cuidado el pollo y la salsa. Déjelo reposar 5 minutos y sírvalo caliente.

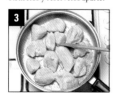

Mumbar

Para 6–8 personas

INGREDIENTES

100 g de arroz *basmati*

900 g de carne de cordero
    picada fina

1 cebolla pequeña finamente picada

3-4 dientes de ajo chafados

1 manojo de cada uno de perejil y de
    cilantro, finamente picado

2-3 cucharadas de ketchup

1 cucharada de aceite vegetal

la piel y el zumo de 1 lima

700 ml de caldo de cordero caliente

sal y pimienta

CONDIMENTO *BAHARAT*:

2 cucharadas de granos de
    pimienta negra

1 cucharada de semillas de cilantro

1 cucharadita de clavos enteros

1½ cucharadita de comino

1 cucharadita de cardamomo

1 rama de canela, rota en trocitos

1 nuez moscada entera

2 cucharadas de pimentón picante

1 Para hacer el *baharat*, maje bien los 6 primeros ingredientes. Ralle la nuez moscada sobre la mezcla y añada el pimentón. Guárdelo en un frasco hermético.

2 En una cazuela, lleve agua salada a ebullición. Incorpore el arroz y vuelva a dejar que hierva; baje el fuego y cuézalo hasta que esté tierno, pero firme. Escúrralo y aclárelo con agua fría.

3 Desmenuce la carne en un cuenco grande con un tenedor. Añada la cebolla, el ajo, el perejil, el cilantro, el ketchup y 1 cucharadita de *baharat*. Incorpore el arroz cocido y salpimente. Exprima la mezcla para que adquiera una consistencia pastosa.

4 Divida la masa entre 4-6 porciones, y forme rollitos de unos 2,5 cm de grosor. Unte con aceite una sartén de 23-25 cm de diámetro. Disponga los rollos en forma de espiral, de modo que se toquen los extremos.

5 Presione ligeramente para que todos tengan la misma altura, e inserte los trocitos de piel de lima en los huecos. Vierta en la sartén el zumo de lima y el caldo caliente, y cúbrala con un plato.

6 Llévelo a ebullición, baje el fuego y déjelo cocer 10 minutos. Tápelo y siga cociéndolo 15 minutos más. Retírelo del fuego, escurra el caldo y deslice el *mumbar* en un plato. Sírvalo con un poco más de *baharat* por encima.

Biriyani de cordero

Para 4 personas

INGREDIENTES

900 g de pierna o paletilla magra
de cordero, deshuesada y
cortada en dados de 2,5 cm
6 dientes de ajo muy picados
1 trozo de jengibre fresco de
4 cm, pelado y picado fino
1 cucharada de canela en polvo
1 cucharada cardamomo verde
1 cucharadita de clavos enteros
2 cucharaditas cilantro
2 cucharaditas de comino

½ cucharadita de cúrcuma
en polvo (opcional)
2 guindillas verdes frescas,
sin semillas y picadas
la ralladura y el zumo de 1 lima
1 manojo de cilantro fresco,
finamente picado
1 manojo de menta fresca,
finamente picado
125 ml de yogur natural
115 g de *ghee*, mantequilla
ò aceite vegetal

4 cebollas, 3 cortadas en rodajitas
finas y la otra picada fina
unos 225 ml de agua
600 g de arroz *basmati*
2 ramas de canela troceadas
½ cucharadita de nuez moscada
recién rallada
3-4 cucharadas de pasas
1,2 litros de caldo de pollo o agua
225 ml de leche caliente
1 cucharada de azafrán
sal y pimienta

1 Mezcle la carne con el ajo, el jengibre, la canela, el cardamomo, los clavos, el cilantro y el comino chafados, la cúrcuma, las guindillas, la ralladura y el zumo de lima, 2 cucharadas cilantro y menta fresca y el yogur. Déjelo macerar durante 2-3 horas.

2 Caliente la mitad de la grasa en una sartén grande, añada la cebolla en

rodajas y fríala durante unos 8 minutos, hasta que se dore un poco. Incorpore la carne con su jugo de maceración; salpimente. Vierta el agua y cuézala a fuego suave unos 18-20 minutos, hasta que el cordero esté hecho.

3 Fría la cebolla picada 2 minutos en una cazuela que pueda ir al horno, hasta que se ablande. Añada el

arroz y rehogue 3-4 minutos, removiendo. Agregue la canela, la nuez moscada, las pasas y el caldo. Déjelo hervir, removiendo 1 o 2 veces, y salpimente. Cuézalo a fuego suave, tapado, 12 minutos, hasta que el líquido se reduzca pero el arroz todavía tenga cierta consistencia.

4 Vierta la leche caliente sobre el azafrán y déjelo reposar 10 minutos. Retire el arroz del fuego y añada la leche azafranada. Mézclelo con la carne. Cúbralo y cuézalo en el horno precalentado a 180 ºC hasta que el arroz esté tierno y el líquido se haya consumido.

Curry rojo de cerdo con arroz tailandés

Para 4-6 personas

INGREDIENTES

900 g de espalda de cerdo cortada en lonchas finas

700 ml de leche de coco

2 guindillas rojas frescas, sin semillas y cortadas en rodajitas

2 cucharadas de salsa de pescado

2 cucharadas de azúcar moreno

1 pimiento rojo grande, sin pulpa ni semillas, cortado en rodajitas

6 hojas de lima *kafir*, cortadas en tiras finas

½ manojo de menta fresca

½ manojo de hojas de albahaca, cortadas en tiras finas

arroz aromático tailandés o tipo jazmín, cocido y caliente

PASTA DE CURRY ROJO:

1 cucharada de semillas de cilantro

2 cucharaditas de semillas de comino

2 cucharaditas de granos de pimienta blanca o negra

1 cucharadita de sal, o al gusto

5-6 guindillas rojas picantes secas

3-4 chalotes picados

6-8 dientes de ajo

1 trozo de 5 cm de jengibre pelado y picado grueso

2 cucharaditas de ralladura de lima *kafir* o 2 hojas de lima frescas, picadas

1 cucharada de guindilla roja molida

1 cucharada de pasta de gambas

2 tallos de citronela, cortados en rodajitas finas

1 Para hacer el curry rojo, maje en un mortero el cilantro, el comino, los granos de pimienta y la sal. Añada las guindillas, al gusto, y déjelo todo muy molido.

2 Ponga los chalotes, el ajo, el jengibre, la ralladura de lima *kafir*, la guindilla en polvo y la pasta de gambas en una batidora. Bata 1 minuto. Añada las especias molidas y bata de nuevo. Vaya agregando gotas de agua hasta espesar. Páselo a un cuenco y mézclelo con la citronela.

3 Ponga la mitad del curry rojo en una sartén grande y honda, de base gruesa, junto con la carne de cerdo. Tápelo y cuézalo a fuego moderado 2-3 minutos, removiendo, hasta que la carne esté bien rebozada y empiece a dorarse.

4 Agregue la leche de coco y llévelo a ebullición. Déjelo cocer, removiendo con frecuencia, durante unos 10 minutos. Reduzca la temperatura, añada las guindillas, la salsa de pescado y el azúcar moreno, y cuézalo a fuego suave 20 minutos más. Añada el pimiento rojo y déjelo al fuego otros 10 minutos.

5 Incorpore al curry las hojas de lima y la mitad de la menta y de la albahaca frescas. Póngalo en una fuente, espolvoree con el resto de la menta y la albahaca y sírvalo con el arroz.

Mee Krob

Para 4-6 personas

INGREDIENTES

aceite vegetal, para freir

350 g de fideos finos de arroz, sin remojar

4 huevos ligeramente batidos

85 g de paletilla de cerdo magra, cortada en lonchas finas

85 g de pechuga de pollo sin piel y cortada en lonchas finas

85 g de gambas pequeñas peladas

4-6 cebolletas, cortadas en rodajitas diagonales

3-4 guindillas rojas frescas, cortadas en rodajitas diagonales

4 cucharadas de vinagre de arroz

4 cucharadas de salsa de soja clara

4 cucharadas de salsa de pescado

4-6 cucharadas de caldo de pollo o agua

4 cucharadas de azúcar

1 cucharadita de semillas de cilantro, machacadas

4 cucharadas de cilantro fresco picado

1 Caliente como mínimo 7,5 cm de aceite vegetal en una freidora o un wok, a 180-190 °C.

2 Separe las capas de fideos con cuidado y fríalas de una en una, durante unos 10-15 segundos, hasta que estén doradas. Déjelas sobre papel de cocina para que escurran y resérvelas.

3 Caliente 1-2 cucharadas del aceite en una sartén grande antiadherente. Vierta el huevo batido para formar una capa fina y cuézala 1 minuto, hasta que cuaje. Déle la vuelta y déjela otros 5 segundos. Pase a un plato la tortilla y deje que se entibie. Córtela por la mitad, enrolle los dos trozos y córtelos en rodajas de 5 mm de anchura. Reserve.

4 Caliente 2 cucharadas más del aceite en un wok o una sartén grande y honda, a fuego medio. Saltee la carne de cerdo y de pollo durante unos 2 minutos, o hasta que esté hecha.

5 Incorpore las gambas, la cebolleta y la guindilla, y remueva para mezclar. Empuje la carne y las verduras a un lado. Ponga el vinagre, la salsa de soja, la de pescado, el caldo, el azúcar y el cilantro en el espacio libre, deje que hierva un poco y luego mézclelo con el resto de los ingredientes. Incorpore las tiras de tortilla y la mitad del cilantro fresco.

6 Añada los fideos calientes, remueva con suavidad y esparza el resto del cilantro por encima.

Nasi Goreng

Para 4 personas

INGREDIENTES

1 cebolla grande picada

2-3 dientes de ajo

1 cucharadita de pasta de gambas

2 guindillas rojas, sin semillas y picadas

125 ml de aceite vegetal

3 huevos ligeramente batidos

450 g de carne de buey de cuarto trasero, de 1 cm de grosor

2 zanahorias cortadas en juliana

175 g de judías verdes chinas largas, o normales, cortadas en trozos de 2,5 cm

6 cebolletas pequeñas cortadas en trozos de 1 cm

250 g de gambas crudas peladas

750 g de arroz blanco de grano largo, cocido

6 cucharadas de salsa de soja oscura

50 ml de agua

PARA DECORAR:

4 cucharadas de copos de cebolla fritos, comprados o caseros

1 trozo de pepino de 10 cm, sin semillas y cortado en juliana

2 cucharadas de cilantro fresco picado

1 Ponga la cebolla, el ajo, la pasta de gambas y las guindillas en una batidora, y bata hasta formar una pasta. Añada un poco de aceite y siga batiendo hasta que esté suave. Resérvela.

2 Caliente 1-2 cucharadas de aceite en una sartén grande antiadherente. Vierta el huevo en una capa fina y cuézalo 1 minuto, hasta que cuaje. Dé la vuelta a la tortilla y déjela al fuego 5 segundos más. Retírela de la sartén y córtela por la mitad. Enrolle los dos trozos y córtelos en rodajitas de 5 mm. Reserve.

3 Caliente 2 cucharadas de aceite en la misma sartén, a fuego vivo, y dore la carne 2 minutos por cada lado, pero sin que se cueza del todo. Deje que se enfríe y córtela en tiras delgadas. Resérvela.

4 Caliente 2 cucharadas de aceite en un wok grande, a fuego medio. Añada la pasta de guindillas reservada y caliéntela, removiendo varias veces, durante 3 minutos. Agregue 2 cucharadas de aceite, la zanahoria y las judías verdes chinas. Saltee unos 2 minutos. Incorpore la cebolleta, las gambas y la carne, y saltee hasta que las gambas estén rosadas.

5 Incorpore el arroz, la mitad de los trozos de tortilla, 2 cucharadas de salsa de soja y 50 ml de agua. Deje que suelte vapor durante 1 minuto. Pase el *nasi goreng* a una fuente de servir, decore con el resto de la tortilla y rocíe con la salsa de soja restante. Aderece con especias a su gusto.

Arroz iraní al vapor con corteza crujiente

Para 6 personas

INGREDIENTES

425 g de arroz *basmati* o blanco
    de grano largo, más
    1 cucharada extra
sal

4 cucharadas de mantequilla
    o *ghee*
50 ml de agua

1 Ponga a hervir 2 litros de agua con 2 cucharadas de sal. Luego, incorpore el arroz y cuézalo a fuego suave durante 7-10 minutos, hasta que esté casi tierno; remueva con suavidad de vez en cuando. Escúrralo y aclárelo bajo el grifo para eliminar el almidón.

2 En una cazuela grande de base gruesa, caliente la mantequilla o el *ghee* con agua a fuego medio. Cuando la grasa esté derretida y el agua suelte vapor, retire la mitad y resérvela. Con una cuchara, ponga arroz en la cazuela hasta recubrir la base, y alise la superficie con cuidado.

3 Añada el resto del arroz. Cúbralo con un paño de cocina fino, tape bien la cazuela y reduzca la temperatura al mínimo. Cuézalo durante 15 minutos.

4 Retire la tapa y el paño y, con el mango de una cuchara de madera, presione suavemente para hacer varios hoyos en el arroz, y que suelte el vapor.

5 Vierta el resto del agua con mantequilla, vuelva a cubrirlo como antes y déjelo cocer otros 10-15 minutos. Destape la cazuela y déjela sobre una superficie fría (véase sugerencia); eso

facilitará que se desprenda la corteza agarrada al fondo.

6 Con un tenedor, pase el arroz a un cuenco de servir. Rompa la corteza crujiente en trozos y repártala alrededor del plato. Según la tradición, está reservada al invitado de honor.

SUGERENCIA

Enfríe una superficie depositando 2 bandejas con cubitos de hielo sobre ella antes de poner encima la cazuela con el arroz caliente.

Arroz frito chino

Para 4-6 personas

INGREDIENTES

2-3 cucharadas de aceite de cacahuete o vegetal

2 cebollas, partidas por la mitad y en gajos finos a lo largo

2 dientes de ajo cortados en rodajitas finas

1 trozo de jengibre fresco pelado y cortado en láminas

200 g de jamón cocido en tiras

750 g de arroz blanco de grano largo, cocido

250 g de gambas cocidas y peladas

2 cucharadas de agua

115 g de castañas de agua de lata, cortadas en rodajas

3 huevos

4-6 cebolletas, cortadas en rodajas diagonales de 2,5 cm

3 cucharaditas de aceite de sésamo

2 cucharadas de salsa de soja oscura o de salsa de pescado tailandesa

1 cucharada de salsa de guindilla dulce

2 cucharadas de cilantro o perejil fresco picado

sal y pimienta

1 Caliente 2-3 cucharadas de aceite de cacahuete en un wok o una sartén grande y honda. Cuando humee, saltee la cebolla 2 minutos, hasta que se ablande. Añada el ajo y el jengibre, y saltee 1 minuto más. Incorpore las tiras finas de jamón y remueva.

2 Agregue al arroz cocido ya frío, y remueva para mezclarlo con el resto de los ingredientes. Añada las gambas y las castañas de agua.

Vierta el agua y cubra rápidamente el wok. Siga cociendo 2 minutos, agitando de vez en cuando el wok para evitar que se peguen los alimentos y para que el arroz se caliente de manera uniforme.

3 Bata los huevos con 1 cucharadita de aceite de sésamo y salpimente. Haga un hoyo en el centro de la mezcla de arroz, vierta el huevo y remueva con rapidez, hasta que todo esté bien mezclado.

4 Añada la cebolleta, la salsa de soja y la de guindilla, y saltee; agregue un poco más de agua si le parece que el arroz se está secando, o para que no se pegue. Rocíe con el resto del aceite de sésamo y remueva. Sazone con sal y pimienta.

5 Retire el wok o la sartén del fuego, limpie el borde y esparza el cilantro por encima del arroz frito. Sírvalo enseguida, directamente del wok.

Sopa malaya de fideos de arroz

Para 4–6 personas

INGREDIENTES

1,25 kg de pollo alimentado con
maíz o criado al aire libre
1 cucharadita de pimienta negra
2 cucharadas de aceite de
cacahuete o vegetal
2 cebollas cortadas en rodajas finas
2-3 dientes de ajo picados
1 trozo de jengibre fresco de 5 cm,
pelado y cortado en rodajitas

1 cucharadita de cilantro molido
2 guindillas rojas frescas, sin
semillas y cortadas en
rodajitas diagonales finas
½-1 cucharadita de cúrcuma
molida
½ cucharadita de pasta de curry
de Madrás
400 ml de leche de coco de lata

450 g de gambas grandes crudas,
peladas y sin el hilo intestinal
½ col china pequeña, en tiras finas
1 cucharadita de azúcar
2 cebolletas cortadas en rodajitas
115 g de brotes de soja
250 g de fideos de arroz remojados
un puñado de hojas de menta
fresca, para adornar

1 Para el caldo, ponga a
hervir el pollo en una
cazuela grande con los granos
de pimienta y agua suficiente
para cubrirlo. Después, déjelo
a fuego suave 1 hora, y retire
las impurezas que suban a la
superficie.

2 Retire el pollo y déjelo
enfriar. Retire la grasa
de la superficie del caldo y
cuélelo a través de un paño
de muselina. Resérvelo.
Deshuese el pollo y corte
la carne en tiras finas.

3 Caliente el aceite en una
sartén honda y saltee la
cebolla 2 minutos. Añada el
ajo, el jengibre, el cilantro,
las guindillas, la cúrcuma
y la pasta de curry. Páselo
todo a una cazuela grande y,
lentamente, vierta el caldo.
Cubra parcialmente la
cazuela y cuézalo a fuego
suave 20 minutos o hasta que
el caldo se haya reducido.

4 Agregue la leche de coco,
las gambas, la col china,
el azúcar, la cebolleta y los

SUGERENCIA

*La carne del pollo
alimentado con una
dieta de maíz es de color
amarillo y tiene un
delicioso sabor.*

brotes de soja, y cuézalo otros
3 minutos, removiendo de
vez en cuando, hasta que las
gambas estén rosadas. Añada
el pollo y caliéntelo 2 minutos.

5 Escurra los fideos
y divídalos entre
4-6 cuencos. Vierta encima el
caldo caliente y las verduras.
Compruebe que cada cuenco
tiene un poco de gambas y de
pollo. Adorne con hojas de
menta y sírvalo caliente.

Fideos al estilo de Singapur

Para 4–6 personas

INGREDIENTES

60 g de setas chinas
  deshidratadas

225 g de fideos de arroz muy
  finos

2-3 cucharadas de aceite de
  cacahuete o vegetal

6-8 dientes de ajo cortados
  en rodajitas

2-3 chalotes cortados en
  rodajitas

1 trozo de jengibre fresco de
  2,5 cm, pelado y cortado
  en rodajitas

4-5 guindillas rojas frescas, sin
  semillas y en rodajitas

225 g de pechugas de pollo sin
  piel y cortadas en tiras finas

225 g de tirabeques, cortados
  finos en diagonal

225 g de col china, cortada
  en tiras finas

225 g de gambas cocidas y peladas

2 cebolletas, cortadas en rodajitas
  diagonales

2 cucharadas de cilantro o menta
  fresca picada

6-8 castañas de agua, en rodajas

SALSA DE CURRY AL ESTILO DE
  SINGAPUR:

2 cucharadas de vino de arroz
  o jerez seco

2 cucharadas de salsa de soja

3 cucharadas de curry de Madrás
  en polvo, picante o moderado

1 cucharada de azúcar

400 ml de leche de coco de lata

1 cucharadita de agua

una pizca de pimienta negra

1 Para preparar la salsa de curry, bata el vino de arroz y la salsa de soja con el curry en polvo, y a continuación añada el resto de los ingredientes.

2 Ponga las setas chinas en un bol pequeño, cúbralas con agua hirviendo y déjelas en remojo 15 minutos, hasta que se ablanden. Retírelas y estrújelas bien para eliminar el líquido. Descarte los pies, corte el sombrero en láminas finas y resérvelas. Deje los fideos en remojo según las instrucciones del paquete y después escúrralos bien.

3 Caliente el aceite en un wok o una sartén honda, a fuego medio, y saltee el ajo, el chalote, el jengibre y la guindilla durante unos 30 segundos. Incorpore el pollo y los tirabeques, y saltee unos 2 minutos más. Añada la col china, las gambas, las castañas de agua, las setas y la cebolleta, y siga salteando 1-2 minutos. Agregue, por último, la pasta de curry y los fideos; saltee 5 minutos más. Añada el cilantro y sirva el plato de inmediato.

Rollitos de primavera vietnamitas

Para 25–30 rollitos

INGREDIENTES

25-30 láminas de papel de arroz
4-5 cucharadas de harina, desleídas en 4-5 cucharadas de agua
aceite vegetal, para freír
cebolletas cortadas, para decorar

RELLENO:
15 g de setas chinas deshidratadas
1 cebolla pequeña muy picada

1-2 cucharadas de aceite de cacahuete o vegetal
3-4 dientes de ajo
1 trozo de jengibre fresco de 4 cm, pelado y picado
225 g de carne de cerdo picada
2 cebolletas finamente picadas
115 g de brotes de soja frescos
2 cucharadas de cebollino fresco, en rodajitas finas

4 castañas de agua picadas
175 g de gambas pequeñas, cocidas y peladas, picadas grandes
1 cucharadita de salsa de ostras
1 cucharadita de salsa de soja clara
60 g de fideos finos de arroz o de celofán, remojados
sal y pimienta

1 Para hacer el relleno, cubra las setas chinas con agua hirviendo, déjelas en remojo 15 minutos, retírelas del líquido y estrújelas bien. Deseche los tallos y córtelas en láminas finas.

2 Caliente el aceite en un wok a fuego vivo. Saltee la cebolla con el ajo y el jengibre durante 2 minutos. Añada la carne de cerdo y saltee unos 4 minutos, hasta que esté cocida y el líquido que pudiera haber soltado se haya evaporado. Agregue la cebolleta. Páselo a un cuenco y deje que se enfríe.

3 Ponga en el wok los brotes de soja con las castañas de agua, el cebollino, las gambas y las salsas de ostras y de soja. Salpimente. Añada los fideos y remueva.

4 Para montar los rollitos, ablande una lámina de papel de arroz en agua caliente unos segundos, y deje que se escurra sobre un paño de cocina limpio. Deposite 2 cucharadas de relleno cerca de un borde de la lámina, dóblela para cubrirlo, con los lados hacia dentro, y termine de enrollar. Selle con un poco de pasta de harina. Resérvelo y prepare el resto de los rollitos.

5 Caliente unos 10 cm de aceite en una freidora a 180-190 °C. Fría los rollitos en tandas, durante unos 2 minutos, dándoles la vuelta 1 o 2 veces, hasta que estén dorados. Escúrralos sobre papel de cocina y sírvalos adornados con cebolleta.

Sushi japonés

Para 4–6 personas

INGREDIENTES

475 ml de agua
400 g de arroz para *sushi*
4 cucharadas de vinagre de
    arroz japonés
1½ cucharada de azúcar lustre
1½ cucharadita de sal
1½ cucharada de *mirin* (vino
    de arroz japonés)

SUSHI NORIMAKI:
2 huevos

una pizca de cúrcuma
1-2 cucharadas de aceite vegetal
4 láminas de alga *nori* seca
115 g de rodajas de salmón
    ahumado, en trozos de 7,5 cm
½ pepino, ligeramente pelado y
    cortado a lo largo en tiras
cebollino fresco

SUSHI NIGIRI:
16 gambas cocidas y peladas

pasta *wasabi* (rábano picante
    japonés)
85 g de filete de salmón
    ahumado, cortado en tiras
    de 5 mm
semillas de sésamo ligeramente
    tostadas

PARA SERVIR:
jengibre encurtido
salsa de soja japonesa

1 Lleve a ebullición el agua con el arroz; luego, tápelo y cuézalo a fuego suave durante 20 minutos, hasta que esté tierno. Déjelo reposar 10 minutos, sin destaparlo.

2 Hierva el vinagre con el azúcar, la sal y el *mirin*. Vierta la mezcla de manera uniforme sobre el arroz. Remueva rápidamente, abanicándolo para que se enfríe con mayor rapidez.

3 Para el *sushi norimaki*, bata los huevos con la cúrcuma y 1 cucharadita de aceite y haga 2 tortillas. Córtelas en dos.

4 Tueste las láminas de *nori* sobre la llama del fogón unos minutos. Coloque una lámina, con el lado tostado hacia abajo, sobre una esterilla de bambú para *sushi*. Ponga encima media tortilla, dejando un margen alrededor. Extienda una capa fina de arroz sobre la

tortilla. Ponga un trocito de salmón en el tercio inferior, recórtelo si es necesario para ajustar la forma, y ponga en el centro pepino y cebollino.

5 Humedezca el borde del alga y enrolle ayudándose con la esterilla. Haga lo mismo con el resto de los ingredientes y deje reposar los rollos, con la abertura hacia abajo. Córtelos en trozos de 2,5 cm, cúbralos y déjelos en la nevera.

6 Para el *sushi nigiri*, moldee el arroz con formas cuadradas u ovaladas. Ponga encima 2 gambas o un poquito de *wasabi* y salmón. Esparza sésamo tostado y sírvalo con el jengibre y la salsa de soja japonesa.

Pudines, pastas y pasteles

Una de las mejores formas de utilizar el arroz es en los postres. Su delicado sabor y su textura glutinosa son ideales para elaborar muchos pudines, tartas y pasteles. ¿Quién puede resistirse a un arroz con leche espeso aromatizado con vainilla y con cobertura de dorado merengue, es decir, el postre perfecto para una noche invernal?

Cada país parece haber desarrollado alguna variedad de arroz con leche, desde el sofisticado riz à l'Impératrice de Francia hasta el clásico pudín de arroz indio llamado kesari kheer, de llamativo color amarillo gracias al azafrán. A veces, el arroz molido o la harina de arroz se cuecen con leche para elaborar suculentos y cremosos postres, como el delicioso pudín libanés de arroz y almendras.

El arroz aporta textura a platos como el pastel italiano de arroz y limón, una creación fantástica aromatizada con ron y fruta seca, y los muffins de arroz, una delicia con mantequilla al amaretto. A un helado italiano se le da un toque interesante al añadirle arroz, mientras que el pastel especiado de arroz y zanahoria es una variación de un postre clásico. La harina de arroz sustituye una parte de la harina utilizada en recetas de repostería, como en el caso de las pastas de mantequilla escocesas y las medias lunas de arroz persas, y les da una textura fina y un delicado sabor.

Arroz con leche con cobertura de merengue

Para 6-8 personas

INGREDIENTES

125 ml de agua	1 rama de canela	MERENGUE:
1,2 litros de leche	1 vaina de vainilla, abierta	6 claras de huevo
100 g de arroz blanco de grano largo	115 g de azúcar	½ cucharadita de crémor tártaro
2-3 tiras de piel de limón	3 cucharadas de harina de maíz	225 g de azúcar lustre
	4 yemas de huevo	

1 Lleve a ebullición el agua y 225 ml de leche en una cazuela grande. Añada el arroz, la piel de limón, la canela y la vainilla, y reduzca la temperatura al mínimo. Cúbralo y déjelo cocer unos 20 minutos, hasta que el arroz esté tierno y haya absorbido todo el líquido. Retire la piel de limón, la canela y la vainilla, y agregue el resto de la leche; llévelo de nuevo a ebullición.

2 Mezcle el azúcar con la harina de maíz. Agregue un poco del arroz con leche caliente para hacer una pasta, y añádala a la cazuela. Déjelo cocer, sin dejar de remover, hasta que se espese. Retírelo del fuego y deje que se enfríe un poco.

3 Bata las yemas de huevo y añada 1 cucharada grande de la mezcla de arroz tibia; siga batiendo hasta que se haya incorporado, y a continuación viértalo sobre el arroz. Páselo a una fuente para el horno de 3 litros de capacidad.

4 Para hacer el merengue, bata las claras con el crémor tártaro en un cuenco grande, a punto de nieve. Añada el azúcar, 2 cucharadas cada vez, batiendo bien tras cada adición, hasta que esté espeso y satinado.

5 Con cuidado, ponga cucharadas de merengue sobre el arroz, distribuyéndolo de manera uniforme. Forme unos remolinos con el dorso de la cuchara.

6 Cuézalo durante 1 hora en el horno precalentado a 150 °C, hasta que la cobertura esté dorada y cuajada. Apague el horno, abra la puerta y deje que el postre se enfríe dentro. Puede servirlo caliente, a temperatura ambiente o frío.

Arroz con leche al laurel y la naranja

Para 4 personas

INGREDIENTES

600 ml de leche

225 ml de nata líquida

4 hojas frescas de laurel, lavadas
y ligeramente machacadas

4 cucharadas de arroz *basmati*
o blanco de grano largo

60 g de azúcar

2 cucharadas de sultanas o pasas

la ralladura de 1 naranja

1 cucharadita de esencia de
vainilla

2 cucharadas de piñones
o pistachos

galletas de fantasía, para
acompañar

1 Ponga la leche y la nata líquida en un cazo mediano de base gruesa, y llévelo a ebullición a fuego medio, removiendo de vez en cuando para evitar que se pegue.

2 Añada las hojas de laurel y después el arroz. Baje la temperatura al mínimo y déjelo cocer durante 1 hora, removiendo de vez en cuando, hasta que el arroz con leche esté tierno, espeso y cremoso.

3 Incorpore el azúcar, las sultanas y la ralladura de naranja, y remueva con frecuencia hasta que el azúcar se haya disuelto y la fruta se haya hinchado. Retire el cazo del fuego, deseche las hojas de laurel y agregue la vainilla.

4 Mientras, tueste los piñones en una sartén.

5 Ponga el pudín en cuencos y espolvoree con los piñones. Sirva el postre caliente o déjelo en

la nevera para que se espese y se enfríe. Sírvalo con galletas para acompañar.

VARIACIÓN

El laurel combina bien con el arroz, pero se puede sustituir por una rama de canela, cardamomo machacado, nuez moscada recién molida o las semillas de una vaina de vainilla.

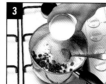

Risotto con frambuesas glaseadas

Para 4–6 personas

INGREDIENTES

450 ml de leche

450 ml de leche de coco
de lata, sin azúcar

una pizca de sal

1 vaina de vainilla, abierta

2-3 tiras de piel de limón

2 cucharadas de mantequilla
sin sal

125 g de arroz *arborio*

50 ml de vermut blanco seco

100 g de azúcar

125 ml de nata líquida espesa
o nata para montar

2-3 cucharadas de licor de
frambuesa

350 g de frambuesas frescas

2 cucharadas de mermelada o
confitura de frambuesa de
buena calidad

un chorrito de zumo de limón

copos de almendras tostadas,
para decorar (opcional)

1 Caliente la leche en un cazo de base gruesa con la leche de coco, la sal, la vaina de vainilla y la piel de limón, hasta que se formen burbujas en el borde el cazo. Reduzca la temperatura al mínimo y mantenga la mezcla caliente, removiendo de vez en cuando.

2 Caliente la mantequilla en una sartén ancha, a fuego medio, hasta que haga espuma. Añada el arroz y rehogue unos 2 minutos, removiendo hasta que quede bien impregnado.

3 Vierta el vermut: se formarán burbujas y vapor. Rehogue, removiendo, hasta que haya sido totalmente absorbido. Poco a poco, añada la leche caliente, unos 125 ml cada vez, a medida que vaya siendo absorbida.

4 Cuando ya haya vertido la mitad de la leche, incorpore el azúcar y disuélvalo. Siga removiendo y agregando leche, hasta que el arroz esté tierno pero todavía firme; debería tardar unos 25 minutos. Retírelo del fuego, y saque la vaina de vainilla y las tiras de piel de limón. Añada la mitad de la nata líquida, el licor y la mitad de las frambuesas. Tape la cazuela.

5 Caliente la mermelada de frambuesa con el zumo de limón y 1-2 cucharadas de agua, removiendo, hasta que esté suave. Retírelo del fuego, añada el resto de las frambuesas y mezcle bien. Agregue más nata líquida al arroz y sírvalo con las frambuesas glaseadas.

Pudín Snowdon

Para 4 personas

INGREDIENTES

mantequilla para engrasar
115 g de pasas
2 cucharadas de angélica picada
115 g de pan blanco rallado
25 g de harina de arroz
una pizca de sal
125 g de sebo cortado en tiras finas

2 cucharadas de azúcar moreno
claro
la ralladura de 1 limón grande
2 huevos
85 g de mermelada de naranja
3-4 cucharadas de leche

SALSA DE LIMÓN:
1 cucharada de harina de maíz
250 ml de leche
la ralladura y el zumo de
2 limones
3 cucharadas de sirope dorado

1 En un recipiente para pudines de 1,2 litros de capacidad, bien engrasado con mantequilla, esparza una cucharada de pasas y la angélica.

2 Ponga el resto de las pasas en un cuenco con el pan rallado, la harina de arroz, la sal, el sebo, el azúcar y la piel de limón, y mezcle bien. Haga un hoyo en el centro.

3 Bata los huevos con la mermelada 1 minuto, hasta obtener una mezcla esponjosa. Añada 3 cucharadas de leche y viértalo en el hoyo poco a poco,

hasta formar una pasta suave, agregando más leche si fuera necesario. Pase la pasta al molde preparado.

4 Unte ligeramente con mantequilla una lámina de papel vegetal y haga un pliegue en el centro. Cubra con el papel el recipiente, con el lado engrasado hacia abajo, y átelo con un cordel.

5 Coloque el molde sobre una rejilla metálica en una cazuela grande. Llénela de agua hasta que llegue a la altura del molde. Cubra la cazuela y deje

que el pudín se haga al vapor, a fuego suave, unas 2 horas, hasta que haya subido. Añada más agua hirviendo si es necesario.

6 Para hacer la salsa de limón, deslía la harina de maíz en 3 cucharadas de leche hasta formar una pasta. Caliente el resto de la leche con la piel de limón a fuego suave, añada la pasta de maíz y remueva. Vuelva a ponerlo al fuego y caliéntelo unos 3 minutos, batiendo, hasta que esté suave. Agregue el zumo de limón y el sirope. Vierta la salsa en una salsera y resérvela caliente.

7 Retire el pudín de la cazuela, quite el papel y espere que se encoja un poco antes de sacarlo del molde. Sírvalo caliente, con la salsa de limón.

Pudín de arroz florentino

Para 6 personas

INGREDIENTES

150 g de arroz blanco de grano
    largo o italiano tipo *arborio*
una pizca de sal
1 litro de leche
400 g de azúcar o 450 g de miel,
    o una mezcla de ambos

5 huevos
115 g de mantequilla, derretida
    y enfriada
2 cucharadas de agua de azahar
    o 4 cucharadas de licor de
    naranja

225 g de piel de naranja
    confitada
225 g de mermelada de naranja
2-3 cucharadas de agua
azúcar glasé, para espolvorear

1 Ponga el arroz y la sal en una cazuela grande de base gruesa. Añada la leche y deje que hierva, removiendo de vez en cuando. Baje la temperatura al mínimo y cueza el arroz 25 minutos, hasta que esté tierno y cremoso. Retírelo del fuego.

2 Pase el arroz con leche por un pasapurés sobre un cuenco grande. También puede batirlo 30 segundos en la batidora hasta que esté suave. Resérvelo. Remueva de vez en cuando para evitar que se forme una telilla en la superficie.

3 Mientras, con las varillas eléctricas, bata los huevos y el azúcar en un cuenco grande unos 4 minutos, hasta obtener una crema ligera y esponjosa. Mezcle el arroz con la mantequilla fundida y añada la mitad del agua de azahar y, a continuación, la piel confitada de naranja.

4 Pase el arroz a un molde para *soufflés* o charlotas de 2 litros de capacidad untado con mantequilla. Coloque el molde en una bandeja para asados y llénela con agua hirviendo hasta unos 4 cm de la altura del molde.

5 Cueza el pudín en el horno precalentado a 180 °C unos 25 minutos, hasta que esté hinchado y ligeramente cuajado. Deje que se entibie sobre una rejilla metálica.

6 Caliente la mermelada de naranja, agregando las cucharadas de agua, sin dejar de remover, hasta que se haya disuelto y esté suave. Añada el resto del agua de azahar y viértalo en una salsera. Espolvoree la parte superior del pudín con el azúcar glasé y sírvalo caliente con la salsa de mermelada.

Natillas de arroz y almendras

Para personas

INGREDIENTES

85 g de almendras enteras,
   escaldadas
1 litro de leche
25 g de harina de arroz
una pizca de sal
60 g de azúcar

½ cucharadita de esencia de
   almendras o 1 cucharada
   de licor de almendras
copos de almendra tostada,
   para decorar

PARA SERVIR (OPCIONAL):
350 g de fresas naturales,
   cortadas en láminas,
   espolvoreadas con
   2 cucharadas de azúcar
   y enfriadas en la nevera

1 Ponga las almendras en una batidora y bata hasta obtener una pasta espesa. Lleve a ebullición 225 ml de leche y, poco a poco, viértala sobre la pasta de almendras, sin dejar de batir, hasta que la mezcla esté suave. Déjela reposar unos 10 minutos.

2 Mezcle la harina de arroz con la sal y el azúcar en un cuenco grande, y a continuación añada 4-5 cucharadas de leche. Remueva hasta obtener una pasta suave.

3 Hierva el resto de la leche en un cazo de base gruesa. Vierta la leche caliente sobre la pasta de harina de arroz, y remueva de forma constante. Después, vuelva a poner la mezcla en el cazo y llévelo a ebullición. Reduzca la temperatura y déjelo a fuego lento unos 10 minutos, hasta formar unas natillas suaves y espesas. Retírelas del fuego.

4 Cuele la leche de almendras con un colador muy fino sobre las natillas de arroz calientes,

presionando las almendras con el dorso de una cuchara. Vuelva a ponerlas al fuego suave otros 7-10 minutos, o hasta que se espesen.

5 Retírelas del fuego y agregue la esencia de almendras. Deje que se enfríen un poco y viértalas en cuencos. Espolvoree con las almendras tostadas y sírvalas acompañadas de las fresas, si lo desea. Si lo prefiere, puede guardarlas en la nevera y servirlas más tarde: las natillas se espesarán al enfriarse.

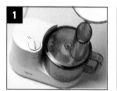

Arroz negro con leche y ensalada de mango

Para 6–8 personas

INGREDIENTES

300 g de arroz negro glutinoso
850 ml de agua hirviendo
1 vaina de vainilla, abierta, con
las semillas negras extraídas
y reservadas
225 g de azúcar moreno claro

1 paquete de 55 g de coco en
polvo
400 ml de leche de coco espesa
2 mangos maduros
6 granadillas

PARA DECORAR:
coco fresco rallado (opcional)
hojas de menta fresca, para
decorar

1 Ponga el arroz en una cazuela grande de base gruesa y vierta encima el agua hirviendo. Añada la vaina de vainilla y las semillas. Llévelo a ebullición, removiendo un par de veces. Baje la temperatura, cubra la cazuela y cuézalo a fuego suave durante unos 25 minutos, hasta que el arroz esté tierno y haya absorbido casi todo el líquido. No destape la cazuela durante la cocción.

2 Retire el arroz del fuego y añada el azúcar, el coco y la mitad de la leche de coco; remueva hasta que el azúcar se disuelva. Tape y deje reposar el arroz durante 10 minutos. Si estuviera demasiado espeso, agregue un poco más de leche de coco, leche o agua.

3 Corte los mangos a lo largo alrededor del hueso, pélelos y córtelos en tiras finas. Dispóngalas sobre una bandeja de servir.

4 Corte la granadilla por la mitad, a lo ancho, saque la pulpa y el jugo y deposítelos sobre las tiras de mango. Decore con coco rallado, si lo desea, y unas hojas de menta.

5 Pase el arroz caliente a cuencos individuales anchos y decórelo con coco rallado y hojas de menta. Rocíe el reborde con un poco de leche de coco sobrante, si lo desea. Sírvalo con la ensalada de mango.

Tartaletas de arroz con leche

Para 6-8 tartaletas

INGREDIENTES

1 ración de pasta quebrada
  (véase pág. 150)
1 litro de leche
una pizca de sal
100 g de arroz *arborio* o blanco
  de grano largo

1 vaina de vainilla, abierta,
  con las semillas extraídas
  y reservadas
1 cucharada de harina de maíz
2 cucharadas de azúcar
cacao en polvo, para espolvorear
chocolate fundido, para decorar

CREMA DE CHOCOLATE:
200 ml de nata líquida espesa
1 cucharada de sirope dorado
175 g de chocolate troceado
1 cucharada de mantequilla
  sin sal

1 Prepare la base de las tartaletas siguiendo los pasos 1-4 de la receta de la página 150, pero aumentando la cantidad de azúcar a 2 cucharadas. Después de retirar los pesos, hornee 5-7 minutos más hasta que la pasta esté crujiente. Deje enfriar las tartaletas.

2 Para hacer la crema de chocolate, lleve la nata líquida y el sirope dorado a ebullición. Retírelo del fuego y añada el chocolate; remueva hasta que se haya fundido. Deposite una capa de 2,5 cm de crema en cada tartaleta y déjelas reposar.

3 Ponga a hervir la leche con la sal en una cazuela. Incorpore el arroz y deje que hierva de nuevo. Añada las semillas y la vaina de vainilla. Baje la temperatura y cueza el arroz a fuego suave hasta que esté tierno y cremoso.

4 Mezcle en un bol pequeño la harina de maíz con el azúcar, vierta 2 cucharadas de agua y agregue unas cucharadas del arroz hervido. Incorpore esta pasta en la cazuela. Deje que el arroz vuelva a hervir, y luego cuézalo 1 minuto más, hasta que se haya espesado. Enfríe la cazuela en agua helada, removiendo.

5 Rellene las tartaletas hasta el borde con el arroz con leche. Deje que cuajen a temperatura ambiente. Espolvoree con cacao en polvo y adorne con un chorrito de chocolate fundido.

Riz à l'Impératrice

Para 6-8 personas

INGREDIENTES

125 ml de kirsch o algún otro
    licor que le guste
115 g de frutas confitadas
    o secas, como guindas,
    arándanos, pasas o piel
    de cítricos
100 g de arroz blanco de grano
    largo

una pizca de sal
700 ml de leche
60 g de azúcar lustre
1 vaina de vainilla, abierta,
    con las semillas extraídas
    y reservadas
1 sobrecito de gelatina en polvo
    de sabor neutro

50 ml de agua fría
2 yemas de huevo ligeramente
    batidas
225 ml de nata líquida,
    ligeramente montada
4 cucharadas de mermelada
    o confitura de albaricoque
cerezas confitadas, para decorar

1 Mezcle 2-3 cucharadas de kirsch con las frutas secas o confitadas y resérvelo.

2 Ponga a hervir agua en una cazuela. Añada la sal y el arroz, y cuézalo a fuego suave 15-20 minutos, hasta que esté tierno. Escúrralo, enjuáguelo y vuelva a escurrirlo.

3 Lleve la leche y el azúcar a ebullición en una cazuela grande antiadherente. Añada las semillas y la vaina de vainilla e incorpore el arroz. Baje la temperatura al mínimo, tápelo y cuézalo hasta que esté muy tierno y la leche se haya reducido a un tercio. Retire la cazuela del fuego y deseche la vainilla.

4 Deslía la gelatina en el agua y caliéntela a fuego lento hasta que se disuelva.

5 Bata las yemas de huevo con unas 2 cucharadas del arroz caliente. Incorpórelo en el arroz, junto con la gelatina disuelta, y remueva hasta que se espese. Vierta la mezcla en un cuenco grande. Ponga el cuenco en una bandeja para asados llena de agua helada hasta la mitad y remueva hasta que empiece a cuajar.

6 Agregue las frutas remojadas y la nata. Remueva y con rapidez, y viértalo en un molde enjuagado de 1,2-1,5 litros de capacidad. Alise la superficie, cúbralo y déjelo en la nevera un mínimo de 2 horas, o toda la noche.

7 Desmolde el flan de arroz sobre un plato de servir. Píntelo con un glaseado hecho con mermelada caliente, el resto del kirsch y 2 cucharadas de agua. Decore el flan con cerezas y deje que repose 15 minutos antes de servirlo.

Postre de arroz y chocolate

Para 8-10 personas

INGREDIENTES

100 g de arroz blanco de grano largo

una pizca de sal

600 ml de leche

100 g de azúcar

200 g de chocolate troceado

4 cucharadas de mantequilla cortada en dados

1 cucharadita de esencia de vainilla

2 cucharadas de brandi o coñac

175 ml de nata líquida espesa

nata montada, para aplicarla con la manga pastelera (opcional)

virutas de chocolate, para decorar (opcional)

1 Hierva agua en un cazo. Añada la sal y el arroz, baje la temperatura y déjelo cocer 15-20 minutos, hasta que esté tierno. Escúrralo, aclárelo con agua fría y vuelva a escurrirlo.

2 Caliente la leche y el azúcar en un cazo grande de base gruesa a fuego medio, sin dejar de remover, hasta que el azúcar se haya disuelto. Incorpore el chocolate y la mantequilla, y remueva hasta que se hayan fundido todos los ingredientes y la mezcla esté suave.

3 Añada el arroz hervido y baje la temperatura al mínimo. Cúbralo y cuézalo 30 minutos, removiendo de vez en cuando. Cuando se espese, agregue el extracto de vainilla y el brandi. Retírelo del fuego y deje que se enfríe.

4 Bata la nata líquida hasta espesarla, ponga una cucharada en el arroz con chocolate, y después agregue el resto poco a poco.

5 Reparta el postre entre las copas, cúbralo y deje que se enfríe en la nevera unas 2 horas. Si lo desea, adorne

las copas con la nata montada y virutas de chocolate. Sírvalo frío.

VARIACIÓN

Para moldear el arroz con chocolate, ponga 1 sobrecito de gelatina en unos 50 ml de agua fría y caliéntelo a fuego suave hasta que se haya desleído. Mézclelo con el chocolate y el arroz justo antes de añadir la nata. Viértalo en un molde enjuagado, para que cuaje, y desmolde.

Pudín de arroz al aroma de naranja

Para 6 personas

INGREDIENTES

140 g de arroz de grano corto	1 trozo de jengibre de 5 cm,	4-6 naranjas sin semillas
225 ml de zumo de naranja	pelado y machacado	2 trozos de jengibre confitado en
recién exprimido	200 g de azúcar	almíbar, cortado en rodajitas
una pizca de sal	50 ml de nata líquida espesa	finas, más 2 cucharadas del
500 ml de leche	4 cucharadas de licor de naranja	almíbar
1 vaina de vainilla, abierta	2 cucharadas de mantequilla	jengibre molido, para espolvorear

1 Ponga a hervir el arroz en un cazo grande con el zumo de naranja y la sal. Retire la espuma que pueda subir a la superficie. Baje la temperatura y cuézalo a fuego suave 10 minutos; remueva de vez en cuando, hasta que el zumo se consuma.

2 Gradualmente, añada la leche, la vainilla y el jengibre fresco, y cuézalo 30 minutos más, removiendo con frecuencia, hasta que esté muy tierno. Retírelo del fuego y deseche la vainilla y el jengibre.

3 Incorpore la mitad del azúcar, la mitad de la nata, el licor de naranja y la mantequilla. Cuando el azúcar esté disuelto y la mantequilla fundida, deje que se enfríe y añada el resto de la nata. Páselo a un cuenco de servir.

4 Corte la piel de las naranjas y resérvela. Extraiga la pulpa sobre un bol de forma que no se pierda el zumo. Corte los gajos y déjelos en el bol. Añada el jengibre confitado y el almíbar. Guarde la mezcla de naranja en la nevera.

5 Corte la piel de las naranjas en tiras finas y escáldelas 1 minuto. Escúrralas y enjuáguelas. Hierva 225 ml de agua en una cazuela, con el resto del azúcar. Incorpore las tiras de naranja y cuézalas a fuego suave hasta que el almíbar se haya reducido a la mitad. Deje que se enfríe.

6 Sirva el pudín con la naranja fría de la nevera, adornado con las tiras de piel caramelizadas, y espolvoree con el jengibre en polvo.

Kesari Kheer

Para 4-6 personas

INGREDIENTES

2 cucharadas de mantequilla
clarificada o *ghee*

85 g de arroz *basmati*, lavado
y bien escurrido

1,5 litro de leche

115 g de azúcar, o al gusto

10-12 vainas de cardamomo
verde, machacadas para

extraer las semillas negras
(y descartando las vainas)

70 g de sultanas o pasas

una ½ cucharadita de hebras
de azafrán, remojadas en
2-3 cucharadas de leche

60 g de pistachos, ligeramente
tostados

150 ml de nata líquida espesa,
montada (opcional)

canela en polvo, para espolvorear

papel de plata comestible (*vark*),
para decorar (opcional)

1 Derrita la mantequilla en una cazuela grande a fuego medio y fría el arroz, removiendo con frecuencia, unos 6 minutos, hasta que los granos estén transparentes y bien dorados.

2 Vierta la leche, suba el fuego y llévelo a ebullición. Reduzca la temperatura a la posición media-alta y cuézalo unos 30 minutos, removiendo de vez en cuando, hasta que la leche se haya reducido a la mitad.

3 Agregue el azúcar, el cardamomo y las sultanas, y cuézalo unos 20 minutos más. Añada el azafrán con la leche del remojo, y siga cociendo a fuego suave, hasta que se espese mucho. Remueva casi sin parar. Retírelo del fuego y añada la mitad de los pistachos.

4 Coloque la cazuela sobre otra más grande con agua helada y remueva hasta que el arroz se enfríe. Añada la nata, si lo desea, páselo a un cuenco de servir y déjelo en la nevera.

5 Sirva el *kesari kheer* espolvoreado con la canela y con el resto de los pistachos tostados. Decore con los trocitos de papel de plata comestible, si lo desea.

SUGERENCIA

El vark o papel de plata comestible se puede encontrar en algunos supermercados asiáticos o indios, o en tiendas especializadas.

Pudín libanés de arroz y almendras

Para 6 personas

INGREDIENTES

40 g de harina de arroz
una pizca de sal
700 ml de leche
60 g de azúcar lustre
85 g de almendras molidas
1 cucharada de agua de rosas

PARA DECORAR:
2 cucharadas de pistachos
    picados o copos de almendras
    tostadas (opcional)
granos de granada (opcional)
pétalos de rosa lavados (opcional)

1 Ponga la harina de arroz en un bol, agregue la sal y haga un hoyo en el centro.

2 Vierta unos 50 ml de leche y bata hasta formar una pasta suave.

3 Ponga a hervir el resto de la leche en un cazo de base gruesa. Añada, sin dejar de batir, la pasta de harina de arroz y el azúcar, y deje cocer, removiendo continuamente, hasta que la mezcla se espese y forme burbujas. Reduzca la temperatura y déjelo a fuego suave 5 minutos.

4 Incorpore las almendras molidas y vuelva a batir, hasta que el pudín esté suave y espeso. A continuación, retírelo del fuego para que se entibie. Agregue el agua de rosas y deje que se enfríe por completo, removiendo de vez en cuando.

5 Divida la mezcla entre 6 copas o póngala en un cuenco. Deje el pudín como mínimo 2 horas en la nevera antes de servirlo.

6 Sírvalo con los pistachos o las almendras y unos

granos de granada por encima. Decore con pétalos.

SUGERENCIA

Si desea una textura más fina, puede preparar el postre sin las almendras molidas. Mezcle 2 cucharadas de harina de maíz con la de arroz y haga la pasta con un poco más de leche. Siga la receta tal como se indica, prescindiendo de las almendras molidas.

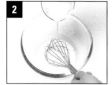

Pudín de arroz a la portuguesa

Para 6-8 personas

INGREDIENTES

200 g de arroz de Valencia o
   arborio, o especial para hacer
   arroz con leche
una pizca de sal
1 limón

450 ml de leche
150 ml de nata líquida
1 rama de canela
85 g de mantequilla
140 g de azúcar, o al gusto

8 yemas de huevo
canela en polvo, para espolvorear
nata espesa, para servir

1 En un cazo, lleve agua a ebullición, añada la sal y el arroz y deje que hierva de nuevo; baje la temperatura y cuézalo a fuego lento, hasta que el arroz esté tierno. Enjuáguelo con agua fría y escúrralo bien.

2 Con un cuchillo pequeño y afilado o un pelapatatas de cuchilla giratoria, intente pelar el limón dejando la piel entera en una sola espiral; de esta forma será más fácil sacarla del cazo más tarde.

Si lo desea, puede pelarlo cortando trozos de piel.

3 Caliente la leche y la nata a fuego medio. Añada el arroz, la rama de canela, la mantequilla y la piel de limón, en una sola tira o en trozos. Baje la temperatura y cuézalo unos 20 minutos, hasta que esté espeso y cremoso. Retírelo del fuego; saque la rama de canela y la piel de limón. Agregue el azúcar y remueva hasta que se haya disuelto.

4 En un cuenco grande, bata bien las yemas de huevo. Gradualmente, añádalas a la mezcla de arroz cocido, y remueva hasta que esté espeso y suave. No deje de remover hasta que esté completamente mezclado, para evitar que el huevo cuaje. A continuación, vierta el pudín en un cuenco de servir o en 6-8 copas individuales. Espolvoree con canela en polvo y sírvalo a temperatura ambiente, con nata.

Arroz con leche caramelizado

Para 6-8 personas

INGREDIENTES

200 g de arroz *arborio*	2 yemas de huevo	2 cucharadas de brandi o coñac
una pizca de sal	125 ml de nata líquida espesa	azúcar moreno claro, para
1 vaina de vainilla, abierta	o para montar	caramelizar
700 ml de leche	la ralladura de 1 limón grande	
200 g de azúcar lustre	4 cucharadas de mantequilla	

1 Ponga el arroz en una cazuela grande de base gruesa, con una pizca de sal y agua fría suficiente para cubrirlo. Llévelo a ebullición, baje la temperatura y cuézalo durante unos 12 minutos, hasta que haya absorbido toda el agua.

2 Extraiga las semillas de la vaina de vainilla e incorpórela a la leche. Caliéntela en un cazo y viértala sobre el arroz. Añada el azúcar y cuézalo a fuego suave, removiendo, hasta que el arroz esté tierno y la leche se haya espesado.

3 En un cuenco pequeño, bata las yemas de huevo con la nata líquida y la piel de limón. Añada 1 cucharada grande del arroz cocido y bata bien la mezcla. Vuelva a ponerla en la cazuela y caliente el pudín a fuego mínimo hasta que esté espeso y cremoso; no deje que hierva. Añada la mantequilla.

4 Quite la cazuela del fuego y añada el brandi; retire la vaina de vainilla. Reparta la mezcla entre 6-8 tarrinas refractarias o cazuelitas para crema catalana. Una vez enfriadas, guárdelas en la nevera como mínimo 2 horas.

5 Espolvoree una capa fina de azúcar sobre el arroz con leche, procurando que quede totalmente recubierto. Limpie el reborde de las tarrinas para que no quede azúcar pegado y se queme.

6 Coloque las tarrinas en una bandeja para asados pequeña con 1 dedo de agua helada. Póngala bajo el grill precalentado, cerca de la llama, hasta que el azúcar se derrita y caramelice. También puede caramelizar el azúcar con un soplete de cocina pequeño. Deje que las tarrinas se enfríen durante 2-3 minutos antes de servirlas.

Helado italiano con arroz

Para 1,2 litros aproximadamente

INGREDIENTES

100 g de arroz de grano corto
   para arroz con leche
500 ml de leche
85 g de azúcar
85 g de miel de buena calidad

½ cucharadita de esencia de limón
1 cucharadita de esencia de
   vainilla
175 g de cuajada de limón de
   buena calidad

500 ml de nata líquida espesa
   o para montar
la ralladura y el zumo de 1 limón
   grande

1 Ponga el arroz y la leche en una cazuela grande de base gruesa y caliéntelo, removiendo ocasionalmente, sin que llegue a hervir. Reduzca la temperatura al mínimo, cubra la cazuela y déjelo cocer 10 minutos, removiendo de vez en cuando, hasta que el arroz esté tierno y haya absorbido todo el líquido.

2 Retírelo del fuego y añada el azúcar, la miel y las esencias de limón y vainilla, y remueva hasta que el azúcar se haya disuelto. Ponga la mezcla en una batidora y pulse 3 o 4 veces.

La mezcla debería quedar bastante espesa y cremosa, pero no suave del todo.

3 Ponga la cuajada de limón en un cuenco y, gradualmente, vaya incorporando unos 225 ml de nata líquida. Añádala a la mezcla de arroz, con la piel y el zumo de limón, y remueva bien. Bata ligeramente el resto de la nata hasta que se espese e incorpórela en la mezcla de arroz y limón. Enfríela en la nevera.

4 Remueva la mezcla y póngala en una heladera. Bata unos 15-20 minutos,

siguiendo las instrucciones del fabricante. Pásela a un recipiente para el congelador y congélela 6-8 horas o toda la noche. Ponga el helado en la nevera 1 hora antes de servirlo.

SUGERENCIA

Si no tiene una heladera, pase la mezcla de arroz fría a un recipiente para el congelador. Congélela 1 hora. Cuando esté medio sólida, bata para romper el hielo, y vuelva a congelarla. Repita la operación 2 veces más.

Pastas de mantequilla escocesas

Para 16 triángulos

INGREDIENTES

225 g de harina
60 g de harina de arroz
¼ de cucharadita de sal

175 g de mantequilla sin sal,
  a temperatura ambiente
60 g de azúcar lustre
25 g de azúcar glasé tamizado

¼ de cucharadita de esencia
  de vainilla (opcional)
azúcar, para espolvorear

1 Engrase ligeramente 2 moldes para tarta de 20-23 cm de diámetro, de base desmontable. Tamice las harinas y la sal en un cuenco y resérvelas.

2 Bata la mantequilla en un cuenco grande con unas varillas eléctricas, 1 minuto, hasta que esté cremosa. Añada los dos tipos de azúcar y siga batiendo 1-2 minutos, hasta obtener una crema muy ligera y esponjosa. Si lo desea, agregue la vainilla.

3 Con una cuchara de madera, mezcle la harina

con la crema de mantequilla. Pase la pasta a una superficie ligeramente enharinada y amásela con suavidad para que quede homogénea.

4 Divida la pasta entre los 2 moldes y alise la superficie. Ejerciendo presión con un tenedor, marque unas señales en el borde de la pasta. Espolvoree ligeramente por encima con un poco de azúcar, y pinche con un tenedor.

5 Con un cuchillo afilado, marque 8 porciones en los redondeles de pasta.

Cueza las tortas en el horno precalentado a 120 °C durante unos 50-60 minutos, hasta que tengan un color dorado pálido y estén crujientes. Deje que se enfríen unos 5 minutos sobre una rejilla metálica.

6 Con cuidado, retire las tortas del molde y póngalas sobre una superficie refractaria. Córtelas en 8 porciones triangulares mientras todavía estén calientes. Deje que se enfríen del todo sobre una rejilla metálica y guárdelas en recipientes herméticos.

Medias lunas de arroz persas

Para unas 60 pastas

INGREDIENTES

225 g de mantequilla sin sal
  ablandada
115 g de azúcar glasé tamizado
2 yemas de huevo

½-1 cucharada de cardamomo
  molido o 1 cucharada de
  agua de rosas
250 g de harina de arroz
  tamizada

1 clara de huevo ligeramente
  batida
60 g de pistachos o almendras
  finamente picados

1 Con unas varillas eléctricas, en un cuenco grande, bata la mantequilla hasta que quede ligera y cremosa. Siga batiendo a baja velocidad, agregue el azúcar glasé y bata 2 minutos más. Cuando la mezcla esté esponjosa, añada poco a poco las yemas de huevo, batiendo bien tras cada adición, y a continuación el cardamomo.

2 Incorpore despacio la harina de arroz hasta formar una pasta suave. Póngala sobre una superficie

ligeramente enharinada y amase un rato. Ponga el cuenco invertido encima de la pasta y déjela reposar 1 hora.

3 Coja una cucharada colmada de masa y déle forma de media luna. Cuando las tenga todas, colóquelas separadas unos 5 cm en un bandeja de hornear engrasada. Marque un dibujo en la superficie con una cuchara.

4 Pinte las pastas con clara de huevo batida y esparza por encima los frutos secos.

5 Cuézalas en el horno precalentado a 180 ºC durante unos 15 minutos, hasta que la base empiecen a coger color; la parte superior tiene que quedar pálida. Reduzca la temperatura si ve que empiezan a dorarse.

6 Deje que las pastas se entibien en la bandeja unos 2 minutos, y después pásela a una rejilla metálica para que se enfríen del todo. Espolvoree con azúcar glasé y guárdelas en un recipiente hermético.

Galletas de chocolate y cacahuete

Para 50–60 galletas

INGREDIENTES

175 de harina

250 g de harina de arroz

25 g de cacao en polvo sin
azúcar

1 cucharadita de levadura en
polvo

una pizca de sal

135 g de manteca vegetal

200 g de azúcar lustre

1 cucharadita de esencia
de vainilla

140 g de pasas, picadas

115 g de cacahuetes sin sal,
finamente picados

175 g de chocolate fundido

1 Tamice las harinas, el cacao en polvo, la levadura y la sal en un cuenco y remueva para mezclarlo.

2 Con unas varillas eléctricas, bata la manteca y el azúcar en un cuenco grande unos 2 minutos, hasta que quede muy ligera y cremosa. Añada la vainilla. Gradualmente, incorpore la manteca batida a la mezcla de harina, hasta formar una pasta suave. Agregue las pasas.

3 Ponga los cacahuetes picados en un cuenco

pequeño. Pellizque trocitos de pasta del tamaño de una nuez y déles forma de bolitas. Rebócelas con los cacahuetes, presionando para que queden pegados. Coloque las bolitas sobre una bandeja de hornear antiadherente a una distancia de 7,5 cm.

4 Con el fondo plano de un vaso, enharinado, aplane con suavidad cada bola de pasta y forme redondeles de unos 5 mm de espesor.

5 Cueza las galletas unos 10 minutos en el horno

precalentado a 180 °C, hasta que estén doradas, pero no demasiado secas. Deje que se entibien en la bandeja 1 minuto, y después, con una espátula delgada, páselas a una rejilla metálica para que se enfríen del todo. Haga lo mismo con el resto de la pasta y de los cacahuetes.

6 Coloque las galletas bien juntas en la rejilla y rocíe la superficie con el chocolate derretido. Deje que cuaje antes de guardarlas en un recipiente hermético entre capas de papel parafinado.

Tortitas de arroz de Navidad

Para unas 24 tortitas

INGREDIENTES

700 ml de leche y una pizca de sal

100 g de arroz blanco de grano largo

1 rama de canela

60 g de azúcar

40 g de harina

1 cucharadita de levadura

¾ de cucharadita de bicarbonato sódico

2 huevos batidos

125 ml de crema agria

2 cucharadas de ron oscuro

1 cucharadita de esencia de vainilla

½ cucharadita de esencia de almendras

2 cucharadas de mantequilla

350 g de frutas secas picadas y conservadas con especias

mantequilla derretida, para freír

canela en polvo, para espolvorear

1 Hierva la leche en un cazo. Añada una pizca de sal, el arroz y la canela, y cuézalo a fuego suave 35 minutos, hasta que el arroz esté tierno y casi haya absorbido toda la leche.

2 Retire el cazo del fuego, agregue el azúcar y remueva hasta que se haya disuelto. Deseche la rama de canela y vierta el arroz en un cuenco grande. Deje que se enfríe, removiendo de vez en cuando, 30 minutos.

3 Mezcle la harina con la levadura, el bicarbonato y

una pizca de sal, y resérvela. Bata los huevos con la crema agria, el ron, las esencias de vainilla y de almendra y la mantequilla derretida. Incorpore la mezcla al arroz y después añada la harina reservada, sin remover mucho. Por último, agregue la fruta seca.

4 Caliente una sartén o parrilla grande y úntela con mantequilla. Remueva la pasta y vierta 2-3 cucharadas en la sartén. Fría unos 2 minutos, hasta que se doren por abajo y la parte superior se llene de burbujas. Déles la vuelta y déjelas 1 minuto más. Manténgalas calientes.

5 Espolvoree las tortitas con canela y sírvalas.

SUGERENCIA

Para una crema de Navidad, deje 140 g de pasas en remojo en agua hirviendo. Hierva 350 ml de leche y añada una vaina de vainilla sin semillas. Hiérvala de nuevo, retírela del fuego, y déjela reposar, tapada 10 minutos. Bata 5 huevos con azúcar al gusto. Cuando estén espesos, añada la mitad de la leche, ponga la mezcla en el cazo y caliéntela hasta que se espese; procure que no hierva. Cuele las pasas e incorpórelas en las natillas con 2-3 cucharadas de ron oscuro. Sirva la crema fría de la nevera.

Muffins con mantequilla al amaretto

Para 12 muffins

INGREDIENTES

140 g de harina
1 cucharada de levadura en polvo
½ cucharadita de bicarbonato
   sódico
½ cucharadita de sal
1 huevo

50 ml de miel
125 ml de leche
2 cucharadas de aceite de girasol
½ cucharadita de esencia de
   almendras
60 g de arroz *arborio* cocido
2-3 almendrados, ligeramente
   triturados

MANTEQUILLA AL AMARETTO:
115 g de mantequilla sin sal,
   a temperatura ambiente
1 cucharada de miel
1-2 cucharadas de licor Amaretto
1-2 cucharadas de mascarpone

1 Tamice la harina, la levadura en polvo, el bicarbonato sódico y la sal en un cuenco grande y mezcle. Haga un hoyo en el centro.

2 En otro cuenco y con las varillas eléctricas, bata el huevo con la miel, la leche, el aceite y la esencia de almendras, unos 2 minutos, hasta que quede espumoso. Añada poco a poco el arroz, removiendo, y luego viértalo en el hoyo de la harina. Remueva ligeramente con un tenedor para mezclar los ingredientes. No bata en exceso, aunque puede que la pasta quede un poco grumosa.

3 Pase la pasta a un molde engrasado para 12 *muffins* o 2 moldes de 6. Espolvoree con migas de galleta y hornee unos 15 minutos en el horno precalentado a 200 °C, hasta que suban y se doren.

4 Deje enfriar los *muffins* en el molde sobre una rejilla metálica 1 minuto. Sáquelos del molde.

5 Para hacer la mantequilla al amaretto, bata la mantequilla y la miel en un bol pequeño hasta que esté cremosa. Añada el licor y el mascarpone, y bata bien. Pásela a un cuenco pequeño y sírvala con los *muffins* calientes.

SUGERENCIA

Utilice capacillos de papel para forrar los moldes y evitar que los muffins *se peguen.*

Pastelitos de arroz y naranja

Para unas 16 unidades

INGREDIENTES

700 ml de leche
una pizca de sal
1 vaina de vainilla, abierta, con las
   semillas extraídas y reservadas
100 g de arroz *arborio*
100 g de azúcar

2 cucharadas de mantequilla
la ralladura de 2 naranjas
2 huevos, con la yema separada
   de la clara
2 cucharadas de licor de naranja
   o ron

1 cucharada de zumo de naranja
   recién exprimido
1 naranja troceada, para decorar
azúcar glasé, para espolvorear

1 Hierva la leche en un cazo grande a fuego medio. Luego añada la sal, las semillas y la vaina de vainilla, y también el arroz. Deje que hierva de nuevo, removiendo 1 o 2 veces. Baje la temperatura y cueza, removiendo con frecuencia, unos 10 minutos.

2 Incorpore el azúcar y la mantequilla, y siga cociéndolo a fuego suave unos 10 minutos, removiendo con frecuencia, hasta que esté espeso y cremoso. Viértalo en un cuenco y añada la ralladura de naranja; retire la vaina de vainilla. Deje que se enfríe a temperatura ambiente, removiendo de vez en cuando.

3 Bata las yemas de huevo con el licor y el zumo de naranja, e incorpórelas en la mezcla de arroz fría.

4 Bata las claras a punto de nieve, pero de modo que no queden demasiado secas. Añada 1 cucharada a la mezcla de arroz para aligerarla, y vaya incorporando el resto despacio.

5 Pase la mezcla a moldes con capacidad de 50 ml, forrados con capacillos de papel, y llénelos hasta el borde.

Hornee 20 minutos en el horno precalentado a 190 °C, hasta que estén cocidos. Enfríelos 2 minutos sobre una rejilla metálica y después sáquelos del molde. Sírvalos decorados con los trocitos de naranja y azúcar glasé por encima.

SUGERENCIA

Enjuagar el cazo con agua antes de poner la leche a hervir ayudará a evitar que se pegue.

Buñuelos al estilo de Nueva Orleans

Para unos 12 pasteles

INGREDIENTES

100 g de arroz blanco de grano
    largo
1 huevo
2-3 cucharadas de azúcar

1½ cucharada de levadura
    en polvo
½ cucharadita de canela en polvo
½ de cucharadita de sal
2 cucharadas de esencia
    de vainilla

70 g de harina
aceite vegetal, para freir
azúcar glasé, para espolvorear

1 En una cazuela, lleve
agua a ebullición. Añada
el arroz y deje que hierva,
removiendo 1 o 2 veces.
Baje la temperatura y cuézalo
15-20 minutos a fuego suave,
hasta que esté tierno.
Escúrralo, aclárelo con agua
fría y vuelva a escurrirlo.
Extiéndalo sobre un paño
de cocina para que se seque
del todo.

2 Con las varillas eléctricas,
bata el huevo 2 minutos,
hasta que esté ligero y
espumoso. Añada el azúcar,
la levadura en polvo, la canela

y la sal, y siga batiendo hasta
que todo esté bien mezclado.
Agregue la vainilla y la harina
y remueva para mezclar bien.
Por último, añada el arroz.
Cubra el cuenco con plástico
de cocina y déjelo reposar a
temperatura ambiente unos
20 minutos.

3 Mientras tanto, caliente
unos 10 cm de aceite en
una freidora a 190 ºC, o hasta
que un dado de pan se dore
en 25-30 segundos.

4 Deje caer cucharadas
de pasta en el aceite, unas

3 o 4 cada vez. Fría los
buñuelos unos 4-5 minutos,
dándoles la vuelta con
cuidado, hasta que se hayan
hinchado y estén dorados
y totalmente cocidos.

5 Retírelos con una
espumadera y deje que
se escurran sobre una doble
capa de papel de cocina.
Fría así el resto de la pasta.
Mantenga los buñuelos
calientes en el horno a
temperatura mínima
mientras fríe el resto.
Espolvoréelos con azúcar
glasé antes de servirlos.

Pastel italiano de arroz al limón

Para 8-10 personas

INGREDIENTES

1 litro de miel
una pizca de sal
200 g de arroz *arborio* o de grano
    corto para arroz con leche
1 vaina de vainilla, abierta, con
    las semillas extraídas
60 g de pasas de Corinto
50 ml de ron o agua

2 cucharaditas de mantequilla
harina de maíz o polenta, para
    espolvorear
140 g de azúcar
la ralladura de 1 limón grande
4 cucharadas de mantequilla
3 huevos

2-3 cucharadas de zumo de
    limón (opcional)
azúcar glasé

PARA SERVIR:
175 g de mascarpone
2 cucharadas de ron
2 cucharadas de nata

1 Hierva la leche en un cazo de base gruesa. Añada la sal y el arroz, y deje que hierva de nuevo. Agregue las semillas y la vaina de vainilla, baje el fuego y cuézalo, parcialmente tapado, durante unos 30 minutos, hasta que el arroz esté tierno y haya absorbido la leche. Remueva de vez en cuando.

2 Mientras tanto, hierva las pasas de Corinto con el ron en un cazo pequeño; déjelas reposar hasta que hayan absorbido todo el licor.

3 Unte con mantequilla el fondo y los lados de un molde redondo para pasteles de 25 cm, de base desmontable. Espolvoree con 2-3 cucharadas de harina de maíz, y sacuda la que sobre.

4 Retire el arroz del fuego y extraiga la vainilla. Añada el azúcar, menos 1 cucharada, la mantequilla y la piel de limón, y remueva hasta que el azúcar se haya disuelto. Ponga el cazo a enfriar en agua helada; agregue las pasas y el resto del ron.

5 Con unas varillas eléctricas, bata los huevos unos 2 minutos, hasta que estén ligeros y esponjosos. Incorpore un poco en la mezcla de arroz, y después el resto. Si lo desea, agregue el zumo de limón.

6 Ponga el arroz en el molde preparado y alise la superficie. Espolvoree con el azúcar reservado y cuézalo unos 40 minutos en el horno precalentado a 160 °C, hasta que suba y esté dorado y ligeramente firme. Deje que se enfríe en el mismo molde sobre una rejilla metálica.

7 Retire el pastel del molde y espolvoree la superficie con azúcar glasé. Póngalo en un plato de servir. Bata el mascarpone con el ron y la nata, y sírvalo con el pastel.

Pastel de risotto dulce con bayas al moscatel

Para 6-8 personas

INGREDIENTES

90 g de arroz *arborio*

350 ml de leche

3-4 cucharadas de azúcar

½ cucharadita de nuez moscada
   recién molida

sal

190 g de harina

1½ cucharadita de levadura

1 cucharadita de bicarbonato

1-2 cucharadas de azúcar lustre

1 huevo

175 ml de leche

125 ml de crema agria o yogur

1 cucharada de mantequilla

2 cucharadas de miel

½ cucharadita de esencia
   de almendras

2 cucharadas de copos de
   almendras tostadas

2 cucharadas de mantequilla
   derretida, para engrasar

azúcar glasé, para espolvorear
   (opcional)

BAYAS AL MOSCATEL:

450 g de bayas variadas
   partidas por la mitad

50 ml de moscatel

1-2 cucharadas de azúcar

CREMA DE MASCARPONE:

2 cucharadas de moscatel

1 cucharada de miel

½ cucharadita de esencia
   de almendras

225 ml de mascarpone

1 Ponga el arroz, la leche, el azúcar, la nuez moscada y ½ cucharadita de sal en un cazo de base gruesa, y llévelo a ebullición. Baje ligeramente la temperatura y déjelo hervir, removiendo constantemente, hasta que el arroz esté tierno y haya absorbido casi toda la leche. Deje que se enfríe.

2 Mezcle la harina con la levadura en polvo,

el bicarbonato sódico, una pizca de sal y el azúcar. En un cuenco, con las varillas eléctricas, bata el huevo con la leche, la crema agria, la mantequilla, la miel y la esencia de almendras. Poco a poco, agregue el arroz y vaya incorporando la mezcla de harina y la almendra.

3 Pase la pasta a un molde para pasteles de 23-25 cm,

de base desmontable, y alise la superficie. Cueza el pastel unos 20 minutos en el horno precalentado a 160 °C, hasta que se dore. Deje que se enfríe sobre una rejilla metálica.

4 Ponga las bayas (fresas, frambuesas, etc.) en un cuenco, con el vino y el azúcar. Para hacer la crema de mascarpone, mezcle todos los ingredientes; resérvela en la nevera.

5 Retire la parte lateral del molde y deslice el pastel sobre una fuente. Espolvoree con azúcar glasé y sírvalo con las bayas al moscatel y la crema de mascarpone.

Pastel especiado de arroz y zanahoria

Para 8–10 personas

INGREDIENTES

225 g de harina

85 g de harina de arroz

2 cucharaditas de levadura
en polvo

½ cucharadita de bicarbonato
sódico

½ cucharadita de sal

1 cucharadita de canela en polvo

½ cucharadita de nuez moscada
recién molida

½ cucharadita de jengibre molido

60 g de arroz *arborio* o blanco de
grano largo, ya cocido

60 g de pacanas picadas

70 g de sultanas o pasas

3 huevos

200 g de azúcar

15 g de azúcar moreno claro

115 g de mantequilla, derretida
y enfriada

2 zanahorias ralladas

azúcar glasé, para espolvorear

1 Engrase ligeramente un molde para un bizcocho de 23 x 12,5 cm. Fórrelo con papel vegetal y engráselo; espolvoree ligeramente el interior con harina.

2 Tamice las harinas, la levadura en polvo, el bicarbonato, la sal y las especias en un cuenco. Añada el arroz, las pacanas y las sultanas, y remueva para mezclar bien. Haga un hoyo en el centro y resérvelo.

3 Con las varillas eléctricas, bata los huevos unos 2 minutos. Incorpore los azúcares y siga batiendo 2 minutos más. Añada la mantequilla derretida, a continuación la zanahoria, y bata hasta que todo esté bien mezclado.

4 Vierta esta mezcla en el hoyo de los ingredientes secos y remueva hasta formar una pasta suave; no mezcle en exceso, ya que tiene que quedar ligeramente grumosa.

5 Viértala en el molde preparado y alise la superficie. Cueza el pastel en el horno precalentado a 180 °C durante 1-1¼ horas. Cúbralo con papel de aluminio si empieza a dorarse demasiado pronto.

6 Deje que se entibie sobre una rejilla metálica unos 10 minutos. Con cuidado, sáquelo del molde y déjelo enfriar del todo. Espolvoree con azúcar glasé y sírvalo cortado en rebanadas finas.

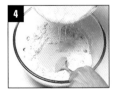

Índice